# Travailler à la maison

## 500 idées pour aménager son bureau

D1725731

Ouvrage publié pour la première fois en espagnol sous le titre
*Espacios, vivir disfrutar, trabajar* en 2003 par H. Kliczkowski, Madrid.

© 2003 Loft Publications S.L
© 2004 Losange, Chamalières, France, pour la présente édition

Direction éditoriale : Paco Asensio et Hugo Kliczkowski
Textes : Ana Cristina G. Cañizares
Direction artistique : Mireia Casanovas Soley
Maquette : Pilar Cano

Pour l'édition française
Traduction : Florence Asseline-Raynal
Suivi éditorial : Sophie Jutier
PAO : Francis Rossignol, Isabelle Véret
DAO : Stéphanie Henry, Véronique Janvier-Baudonnat, Chantal Mialon

ISBN : 2-84416-278-9
Numéro d'éditeur : 84416
Dépôt légal : août 2004

Achevé d'imprimer : juillet 2004
Imprimé en UE par Graficas Estella

# Travailler à la maison

Ana G. Cañizares      **500 idées pour aménager son bureau**

**A**RTÉMIS
*ÉDITIONS*
proxima

# Sommaire

# Introduction

Travailler chez soi est dorénavant un concept familier. Même sans exercer son activité professionnelle à la maison, chacun d'entre nous réserve un espace pour un bureau ou son ordinateur ; ce phénomène de société modifie nos habitudes à tel point que nous avons maintenant besoin de trouver des solutions innovantes ou des espaces inutilisés pour répondre à ces nouvelles nécessités.

Depuis le début du XXe siècle, époque où les artistes-peintres vivaient dans leur atelier, de nombreuses personnes, toutes professions confondues, habitent et travaillent dans un même espace. Pour les artistes, cette situation relevait plutôt de raisons pratiques et économiques, dans la mesure où ils pouvaient donner libre cours à leur inspiration à tout moment et économiser la location d'un logement. De nos jours, les raisons d'un tel choix sont multiples. Les villes croissent démesurément, étirant les distances entre le bureau et la maison et rallongeant les temps de trajet. De nombreuses professions peuvent être exercées hors d'un carcan horaire strict et contraignant. Peu à peu, l'envie de travailler à la maison se propage : elle est perçue comme une opportunité de concilier les espaces de vie et de travail.

Le développement des technologies informatiques a également facilité la mise en place de ce nouveau mode de travail. Les informations peuvent être collectées et transportées en quelques secondes à l'autre bout du monde en tapant sur quelques touches. Le travail en free-lance s'est alors développé de façon exponentielle ; ces progrès technologiques inventent une nouvelle manière de penser le travail. Installer son bureau chez soi, c'est profiter d'un emploi du temps souple et d'un environnement confortable et esthétique.

Depuis cette véritable révolution informatique, de nombreux professionnels ont intégré leur bureau, leur atelier ou leur agence dans leur loft, leur maison ou leur appartement. Chaque idée est différente, mais toutes sont fonctionnelles et singulières. Cet ouvrage regroupe de nombreux projets du monde entier, qui représentent les dernières tendances de ce type d'aménagement et offre une foule d'idées pour tous ceux qui souhaitent installer leur bureau à la maison.

La première partie de l'ouvrage nous fait pénétrer chez des architectes, des designers, des artistes, des médecins et des sociétés de services. Chaque projet est l'œuvre d'un architecte contemporain, d'un architecte d'intérieur ou du propriétaire lui-même, qui a déployé des trésors de créativité pour inventer son propre espace de travail. Certains ont préféré scinder bureau et logement en deux milieux autonomes, d'autres ont fait le choix de cloisons, de niveaux ou de simples écrans pour concilier les deux fonctions. D'autres encore, par choix ou par manque d'espace, ont mêlé travail et habitation, supprimant toute frontière. La seconde partie de l'ouvrage fait le point sur les différentes solutions permettant d'intégrer une zone de travail dans la maison : contre un mur, dans un meuble, sur une mezzanine, dans une structure spécifique, dans des meubles multifonctions... Au fil des pages, tous ceux qui sont toujours en quête d'idées nouvelles trouveront l'inspiration parmi les solutions, toutes fonctionnelles et harmonieuses, présentées dans cet ouvrage. « Emporter du travail à la maison » ne sera plus un devoir fastidieux, mais un plaisir.

# Habiter

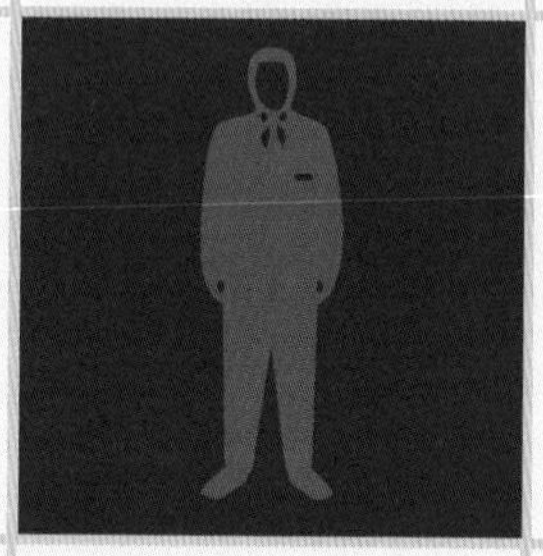

Bureaux de particuliers

Studios de designers

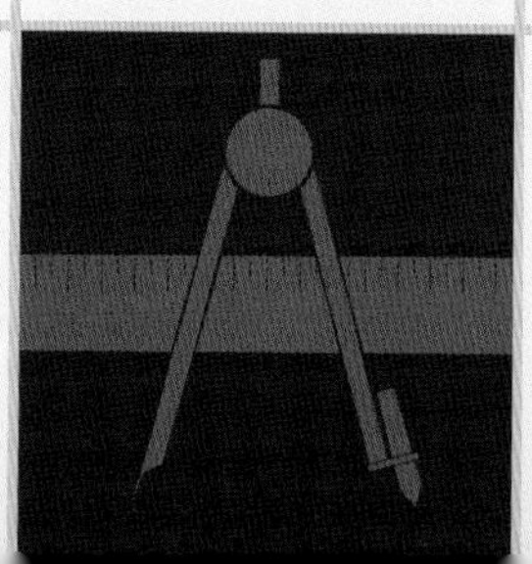

Agences d'architectes

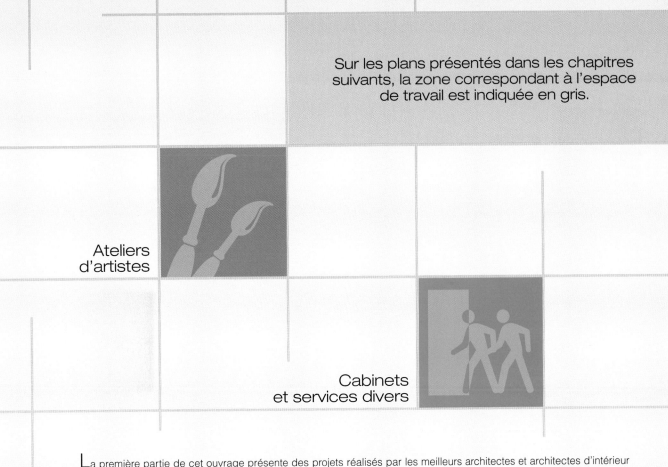

Sur les plans présentés dans les chapitres suivants, la zone correspondant à l'espace de travail est indiquée en gris.

Ateliers d'artistes

Cabinets et services divers

La première partie de cet ouvrage présente des projets réalisés par les meilleurs architectes et architectes d'intérieur du monde entier : Aidlin Darling Design, Kennedy Violich, Claesson Koivisto Rune, Jo Crepain, Pablo Uribe et Antoni Arola sont parmi les plus célèbres. De nombreux projets ont été conçus par et pour les créateurs eux-mêmes, certains ont été créés pour des artistes ou des travailleurs indépendants.

Les projets ont été regroupés selon la profession de leur propriétaire, de manière à pouvoir se rendre compte des solutions différentes proposées pour résoudre l'aménagement spécifique à un secteur d'activité. Le premier chapitre présente des bureaux correspondant à des activités très diverses ; selon le projet, les propriétaires ont fait appel à un architecte ou ont inventé eux-mêmes leur espace de travail. Le chapitre suivant présente des agences d'architectes, des studios de designers – décorateurs, graphistes, créateurs de mobilier –, des ateliers d'artistes, et enfin quelques projets plus particuliers – boutique, cabinet médical ou services. En explorant les lieux de vie et de travail de professionnels de l'aménagement et d'anonymes créateurs de leur propre projet, cette collection captivante offre des solutions fiables, pratiques et étonnantes.

# Bureaux de particuliers

Carles Gelpí i Arroyo

# Maison Cloe

Rez-de-chaussée

Étage 1

Étage 2

Habiter

Travailler

| | |
|---|---|
| **Situation** | Barcelone ESPAGNE |
| **Achèvement** | 2002 |
| **Surface** | 139 m² |
| **Photographe** | Eugeni Pons |

Cette maison de célibataire s'inscrit dans une rue de maisons basses, au parcellaire profond d'une vingtaine de mètres, dans le quartier de Gracia, à Barcelone. Ce logement s'articule sur trois niveaux ; le rez-de-chaussée abrite l'entrée, le séjour, la cuisine et une terrasse. Au premier étage se trouvent la chambre du propriétaire, un salon et un bureau. Une chambre et une terrasse peuvent accueillir des invités au dernier étage.

La profondeur des trois niveaux est différente : quinze mètres au rez-de-chaussée, douze mètres au premier étage et huit mètres au dernier niveau. L'escalier-sculpture est l'élément fort du projet ; implanté juste après l'entrée, parallèlement à la façade principale, il dessert les trois niveaux. Les différentes fonctions de la maison s'organisent verticalement et horizontalement à partir de cet escalier.

L'espace de travail est situé au premier étage ; le bureau est placé perpendiculairement aux fenêtres de la façade principale qui s'ouvrent sur un petit balcon. Cet espace aux meubles clairs, sobrement aménagé, bénéficie d'une importante lumière naturelle. C'est un lieu calme, à l'écart des autres fonctions de l'habitation.

L'escalier-sculpture se déroule verticalement au centre de la maison et dessert l'espace de travail situé au premier étage.

19

Jordi Hidalgo/Daniela Hartmann

# Une cour à Girone

Habiter

Travailler

| | |
|---|---|
| **Situation** | |
| Girone ESPAGNE | |
| **Achèvement** | |
| 2002 | |
| **Surface** | |
| 140 m² | |
| **Photographe** | |
| Eugeni Pons | |

Situé dans le centre historique d'Oloto, à Girone, ce projet complexe a nécessité la réorganisation d'une cour de 6 x 5 m pour y créer un sauna, une pièce de rangement et un bureau. De nombreuses constructions, érigées au fil des ans, avaient rendu l'espace disparate et chaotique. Pour relier et unifier les volumétries, le projet a consisté à nettoyer la façade des extensions parasites et à positionner le nouveau bâti à l'arrière de la parcelle, pour libérer un espace vide entre les nouveaux et les anciens bâtiments.

Le bureau, surélevé pour ne pas empiéter sur la cour, est couvert par une toiture traditionnelle à une pente, et fermé par des panneaux vitrés dans lesquels se reflètent les bâtis environnants. À l'intérieur, un long bureau se déroule le long de la paroi vitrée, renforçant la sensation d'espace ouvert sur l'extérieur et amplifiant la luminosité et les points de vue. La complexité du projet a induit une mise en œuvre délicate et une progression par étapes qui ne permettait pas d'avoir une vue d'ensemble du résultat avant l'achèvement de l'intervention. La texture particulière de la roche volcanique de la façade existante, la cacophonie visuelle des volumes, des cheminées, des citernes et des toitures avoisinantes se sont révélées au fur et à mesure des travaux, renforçant le contraste avec la sobriété des panneaux vitrés et créant un dialogue entre les différents styles architecturaux.

Le bureau, surélevé par rapport à la cour, a été traité comme une véranda posée sur les toits du quartier d'Olot ; façade pratiquement virtuelle, les panneaux vitrés reflètent et redéfinissent l'environnement.

Thomas de Cruz Architects

# Un bureau flottant

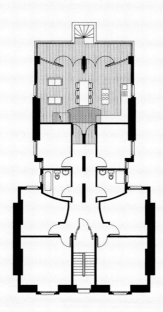

Habiter

Travailler

**Situation**

Londres
Grande-Bretagne

**Achèvement**

1999

**Surface**

80 m²

**Photographe**

Nick
Philbedge

Ce volume est doté d'une très imposante hauteur sous plafond qui a permis d'y installer un petit bureau aérien. Les pans du toit sont rythmés par un panneautage de bois dans lequel s'inscrivent régulièrement des fenêtres de toit. Séjour, cuisine, chambre et salle de bain sont réunis dans le même volume, aux murs blancs et au sol de bois. Le mur de façade est entièrement réalisé en pavés de verre, qui diffusent la lumière naturelle dans tout le volume. Le séjour, situé au centre du volume, est délimité par un tapis sur lequel prennent place deux profonds fauteuils de cuir et une grande table basse. Dans la cuisine, le mur de rangements tout en hauteur est chapeauté d'un panneau équipé de spots. L'îlot central est le seul élément de couleur vive de la pièce.

La mezzanine, supportée par une structure métallique, est desservie par un escalier dont l'implantation latérale suit le rampant du plafond. Le bureau, installé sur cette mezzanine, surplombe ainsi tout le volume de la maison. L'exceptionnelle hauteur sous plafond a permis de créer cet espace de travail, à la fois intime et intégré au vaste séjour.

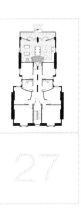

27

Claudio Nardi

# Un loft d'architecte

Rez-de-chaussée

Étage 1

Habiter

Travailler

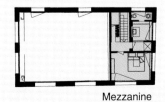

Mezzanine

| Situation |
|---|
| Florence ITALIE |

| Achèvement |
|---|
| 1998 |

| Surface |
|---|
| 150 m² |

| Photographe |
|---|
| Davide Virdis |

Cette maison, à la fois lieu de vie et lieu de travail, est érigée au milieu d'un grand pré verdoyant entouré de jardins et de fermes. Néanmoins, elle ne se trouve pas en rase campagne, mais en plein centre-ville, à deux pas des anciens remparts de Florence. Ce bâtiment reste un des rares exemples de l'architecture industrielle florentine.

Deux chemins mènent à la maison : le premier conduit à un atelier d'art, l'autre à la résidence principale. Un escalier de bois et une allée gazonnée jalonnée par un ancien puits conduisent à un jardin qui borde la façade nord de la maison. Le rez-de-chaussée, qui abrite un bureau et une chambre, a été conçu de manière à assurer l'indépendance totale de chaque fonction et à souligner les points forts de la construction : la hauteur sous plafond, la luminosité et les fermes de la charpente. Les baies ouvrant sur la verdure, le rythme horizontal des cloisonnements et les poutres apparentes conservent à ce lieu les caractéristiques et l'atmosphère d'un atelier. Les chambres sont réparties sur deux niveaux au-dessus du rez-de-chaussée.

Les principaux matériaux choisis – acier, plâtre, verre et bois – sont employés et mis en œuvre avec la plus grande simplicité. Pour l'architecte, une intervention sur un tel bâti doit respecter totalement le langage structurel existant ; l'ajout d'éléments ne doit en aucun cas en dénaturer la lecture et les qualités, mais au contraire les révéler, les amplifier. De la clarté et de la légèreté de l'intervention dépendent la pureté et l'harmonie des volumes.

David Salmela

# Maison Ravenwood

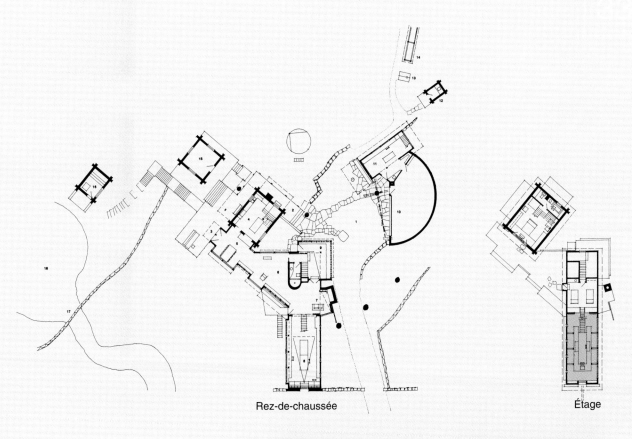

Rez-de-chaussée

Étage

Habiter

Travailler

**Situation**

Northwoods,
Minnesota
ÉTATS-UNIS

**Achèvement**

1998

**Surface**

425 m²

**Photographe**

Peter
Kerze

C'est au cours d'un reportage photographique pour le *National Geographic Magazine* que Jim Brandeburg a découvert en 1979 ce site en pleine forêt ; avec son épouse, il y construit tout d'abord une simple cabane. Les années passant, ils décident tous deux de bâtir une maison pour y vivre plus confortablement sur de longues périodes de l'année. C'est l'architecte David Salmela qui est contacté pour mener à bien le projet, certainement en raison de ses origines norvégiennes, car les Brandeburg avaient en tête une image de maison toute en longueur, réminiscence des maisons de Vikings. Le bâtiment principal, d'une surface d'environ 425 m², est orienté à 45° au sud-ouest, rejoignant la cabane d'origine par une large galerie qui abrite la salle à manger. La construction se divise en trois zones bien différenciées : la première, sur une double hauteur sous plafond, comprend des rangements et une salle de bain, la deuxième correspond au séjour, situé au rez-de-chaussée, et à une chambre d'amis à l'étage ; dans la troisième zone se trouvent, déclinés sur trois niveaux, le bureau principal, le matériel informatique et un loft. L'étage destiné au travail comporte des baies panoramiques qui permettent de profiter de la situation exceptionnelle de la maison.

La plupart des surfaces intérieures sont revêtues de cèdre, en dehors des plans de travail réalisés en érable. Les sols sont habillés d'ardoise. Toutes les nouvelles structures ont été teintées en noir, de la même nuance que celle utilisée pour colorer les rondins de cèdre des bâtiments existants aux alentours. Cette coloration contribue à l'intégration de la maison dans l'environnement. C'est également un lien avec le passé, car cette teinte évoque le traitement contre l'humidité des résineux utilisés par les Vikings pour leur habitation et leurs bateaux.

Laura Agnoletto & Marzio Rusconi Clerici

# Un loft milanais

Habiter

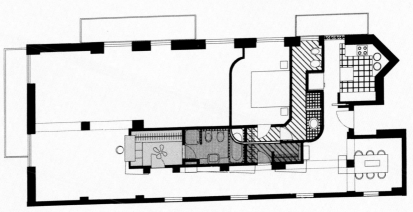

Travailler

**Situation**

Milan
ITALIE

**Achèvement**

1999

**Surface**

144 m²

**Photographe**

Matteo
Piazza

Ce loft a fait l'objet de nombreuses modifications au fil des ans avant de trouver son identité : c'est désormais une résidence fluide, structurée et cohérente.

Deux volumes ont été réunis pour créer un espace homogène et flexible. Cette vaste surface est rythmée par la relation entre trois éléments principaux : une zone consacrée au séjour, à la salle à manger et à la bibliothèque ; une structure porteuse composée de poteaux et de poutres ; et la mise à l'écart de la circulation des zones privatives – salle de bain, dressing et chambre.

Le rythme des poteaux est interrompu, ponctué ou accentué par des portes, des cubes de rangement ou des étagères. L'entrée, volontairement peu différenciée du couloir, a été conçue comme un pivot, une articulation entre la cuisine et la salle à manger. Celle-ci, pensée comme une alcôve, est simplement matérialisée par la table, qui semble emprisonner le poteau de la structure. Une des parois du couloir est habillée d'étagères, transformant ce long passage en bibliothèque. À l'extrémité de ce couloir, le bureau est dissimulé derrière les portes d'un cube de bois et s'ouvre sur le séjour. Le volume blanc est simplement ponctué par des cubes sombres dessinés par les architectes et par des taches colorées du mobilier.

Kar-Hwa Ho

# Un loft à Chelsea

Habiter

Travailler

| Situation | |
| --- | --- |
| New York ÉTATS-UNIS | |

**Achèvement**

1996

**Surface**

111 m²

**Photographe**

Björg

L'enveloppe neutre et homogène de ce loft, situé dans un ancien entrepôt de vêtements du quartier de Chelsea, met en scène chaque meuble et chaque objet. Le choix d'un éclairage diffus et indirect contribue à gommer le tumulte de la rue. La volonté architecturale est amplifiée par les jeux de transparence créés par les parois de matériaux translucides et de verre mat sablé, déclinés dans une palette de tons doux et clairs.

Ce loft étant destiné à une seule personne, la distribution des espaces est libre, ouverte, sans séparation formelle entre les activités. Cet environnement flexible permet de modifier l'emplacement du mobilier, générant des ambiances différentes. Un espace de travail a été aménagé le long d'une façade aveugle ; il comporte un long plan de travail surmonté d'étagères filantes. Composé à partir de crémaillères métalliques murales, le plan de travail, intégrant des tiroirs, est soutenu par une série de pieds qui reprend le rythme des crémaillères. Les étagères, fixées sur consoles, sont réglables. Un futon permet d'intégrer la zone de sommeil à l'espace de travail : une fois le futon replié, le bureau fait partie du séjour, sans aucune délimitation.

Le choix volontairement restreint de matériaux amplifie la continuité entre les volumes et les fonctions : sol de parquet clair et murs d'enduit immaculé. Dans la cuisine, le mobilier blanc est ponctué d'inox.

## Lichtblau. Wagner Architekten

# Un appartement viennois

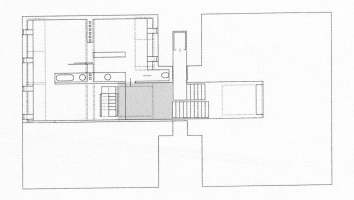

Habiter

Travailler

# Un appartement viennois

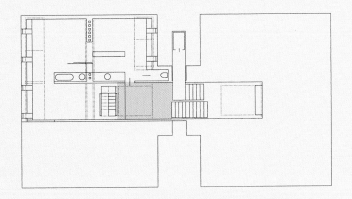

Habiter

Travailler

**Situation**

Vienne
AUTRICHE

**Achèvement**

1997

**Surface**

50 m²

**Photographe**

Bruno
Klomfar

Le dernier étage d'un immeuble viennois du quartier de Margareten a été transformé en quatre petits appartements. Les architectes souhaitaient créer des espaces originaux, contemporains, fonctionnels et abordables sans recourir à des finitions luxueuses ou des détails sophistiqués. Leur objectif est atteint : ce projet démontre qu'il est possible d'inventer des logements originaux à moindre coût, à condition de maîtriser parfaitement le contexte structurel et les données techniques.

Les unités d'habitation sont conçues comme deux entités d'appartements symétriques. Un espace intermédiaire a été conservé entre les deux entités ; il est utilisable par l'une ou l'autre. Pour compenser la surface réduite des appartements, un volume commun, situé à côté des escaliers, peut faire office de rangement, de buanderie ou agrandir la pièce en cas de réception. L'absence de cloisonnement intérieur et de toute finition superflue ont considérablement limité le prix de revient de l'intervention. Un parquet flottant est posé sur une enveloppe de béton brut. La couleur de quelques éléments dynamise l'ambiance.

Dans un des appartements, une paroi de béton sert de point d'appui à la salle de bain et à la cuisine. La structure jaune intègre un escalier qui, une fois déboîté du cube, ouvre le passage vers la chambre et la cuisine : celle-ci, éclairée par des baies longues et étroites, est ainsi isolée visuellement du reste du séjour.

Guilhem Roustan

# Un appartement modulaire

Habiter

Travailler

**Situation**

Paris
FRANCE

**Achèvement**

2002

**Surface**

53 m²

**Photographe**

Alejandro
Bahamón

Cet appartement est situé dans un immeuble de trente étages construit en 1968 par l'architecte A. Zerfus, dont les projets répondaient aux demandes de fonctionnalité et de luminosité de l'époque. Cependant, les souhaits du nouveau propriétaire et les modifications du mode de vie contemporain ont conduit à sa rénovation.

L'entrée était aveugle, les espaces de rangement insuffisants ; le séjour était très petit, surtout comparé à la chambre, démesurée, et la cuisine, bien que fonctionnelle, était exiguë. La rénovation s'est tout d'abord attachée à la redistribution des volumes pour équilibrer l'éclairement naturel et les fonctions. Deux cloisons de bois, en l'occurrence des panneaux mobiles coulissants, peuvent se positionner de différentes façons pour séparer la cuisine, le séjour, le bureau ou la chambre. Depuis le séjour, le bureau peut être dissimulé totalement ou partiellement.

Les meubles sont peu nombreux, afin de mettre en valeur les murs blancs qui réfléchissent la lumière naturelle. Les rangements ont été intégrés pour ne pas encombrer les volumes. L'ardoise sombre de la salle de bain et de la cuisine contraste avec le parquet verni qui recouvre le reste de l'appartement.

50

53

Guillaume Terver et Fabienne Couvert

# Un meuble à vivre

Travailler

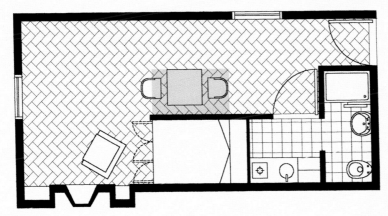

Habiter

| Situation |
| --- |
| Paris FRANCE |
| **Achèvement** |
| 1998 |
| **Surface** |
| 30 m² |
| **Photographe** |
| Vincent Leroux/ ACI Roca-Sastre |

Ce petit appartement faisait autrefois partie d'un bâtiment appartenant à une congrégation religieuse. Les architectes Guillaume Terver et Fabienne Couvert n'ont conservé que les éléments caractéristiques du volume : la porte d'entrée, la cheminée et la salle de bain. L'appartement intègre ces éléments dans des solutions techniques et fonctionnelles regroupées dans un seul objet : un meuble.

Celui-ci est composé d'une boîte carrée, en bois, recouverte de panneaux de sycomore. Elle dissimule tous les composants du logement : en partie haute, le lit, en dessous, une cuisine, fermée par une porte, à l'extrémité, une penderie et un espace vitré pour la télévision. À ses côtés, un abattant, une fois ouvert, sert de bureau et donne accès à l'ordinateur. L'imprimante, la chaîne hi-fi et le fax se trouvent dans un placard adjacent. Des grilles assurent la ventilation des appareils en façade et les réseaux sont encastrés sous le plancher. Comme les pièces d'un puzzle, la ponctuation colorée – rouge, orange ou bleu – de quelques éléments accentue le caractère exceptionnel de ce meuble de sycomore, véritable boîte à vivre.

En dépit de la surface très réduite, la hauteur sous plafond a permis de surélever le lit, en assurant une distance suffisante entre le matelas et le plafond. Tous les volumes bénéficient de la lumière naturelle, y compris le lit, car le meuble s'arrête avant le plafond. Un espace de détente se trouve dans un coin de la pièce et intègre la cheminée, une bibliothèque et un rangement CD.

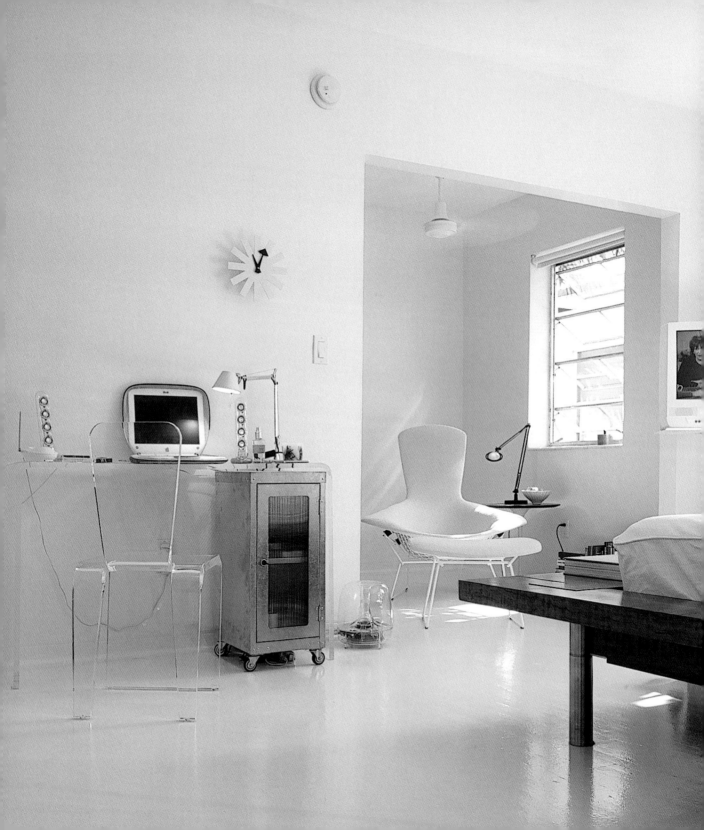

Pablo Uribe

# Un appartement sur Michigan Avenue

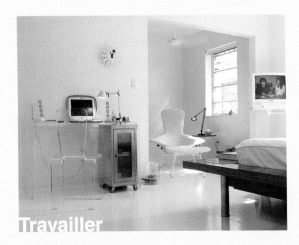

| | |
|---|---|
| **Situation** | |
| Miami, Floride ÉTATS-UNIS | |
| **Achèvement** | |
| 2000 | |
| **Surface** | |
| 45 m² | |
| **Photographe** | |
| Pep Escoda | |

Ce studio a été aménagé par son propriétaire, architecte, au deuxième étage d'un immeuble des années 1950 au cœur de Miami Beach. L'appartement, malgré une surface très modeste, abrite une chambre, une salle de bain, une cuisine et un bureau, dans une ambiance contemporaine, légère et élégante.

En dehors de la salle de bain, desservie par un couloir, toutes les fonctions sont regroupées dans un seul volume. Plusieurs éléments, comme les baies d'aluminium, ont été restaurés pour mettre en valeur l'architecture d'origine. Le parquet, peint en blanc, agrandit l'espace et dynamise l'ambiance. Chaque meuble, choisi pour sa fonctionnalité et son design, est judicieusement positionné pour ne pas empiéter sur le volume. Parallèle à la cloison, l'espace de travail comprend un bureau et une chaise qui se font oublier par leur totale transparence ; seul le rangement de zinc se détache sur le mur blanc. L'horloge murale joue également à cache-cache : seules ses aiguilles se distinguent sur le mur. Les fonctions s'entremêlent : une mini-bibliothèque a trouvé place dans la cuisine, et le coin-repas s'intègre au séjour.

Le grand lit, placé au centre de l'appartement, tient ici la vedette : meuble de nuit, pour le sommeil, comme meuble de jour, pour la détente, son large entourage de bois sert de banc, de table et d'étagère.

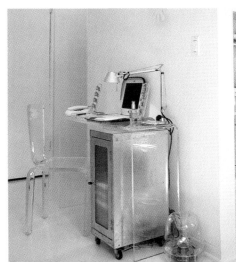

Stéphane Chamard

# Zigzag métallique

Rez-de-chaussée

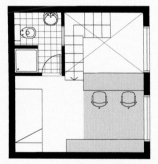

Mezzanine

**Situation**

Paris
FRANCE

**Achèvement**

1999

**Surface**

16 m²

**Photographe**

Vincent Leroux/
ACI Roca-Sastre

Ce petit appartement a pris la place d'une loge de concierge, au fond d'une cour du 6ᵉ arrondissement de Paris. Le jeune architecte Stéphane Chamard a transformé les minuscules pièces de la loge en un lieu de vie et de travail très lumineux. Le volume d'origine, un cube haut sous plafond, a permis de créer deux niveaux. Stéphane Chamard a tiré parti du moindre centimètre et des ouvertures sur la cour.

La caractéristique principale du projet : l'escalier, dessiné par l'architecte pour relier rez-de-chaussée et mezzanine. Sa silhouette de métal – plié et laqué – est le pivot de l'aménagement et l'élément le plus déterminant de l'ambiance. Pour un minimum d'encombrement, les marches sont hautes (25 cm). Le zigzag graphique de la feuille de métal prend appui sur une boîte qui intègre le téléviseur et sert de buffet côté cuisine. L'aménagement est distribué autour de la boîte.

Pour utiliser au mieux la surface créée par la mezzanine, le propriétaire a imaginé un espace libre sous le bureau afin d'y rouler son futon durant la journée. À l'opposé du bureau, une bibliothèque de bois et de verre est fixée au mur, libérant au sol une surface utilisée pour ranger des documents ou des revues. Le plancher de bois de la mezzanine a été peint en blanc. La salle d'eau se trouve également sur la mezzanine : toilettes, douche et lavabo trouvent place dans moins de 2 m².

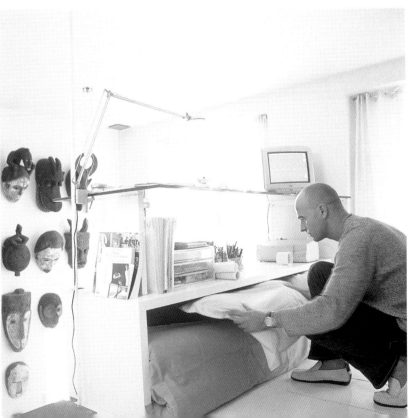

Claudio Caramel

# Maison Sampaoli

Travailler

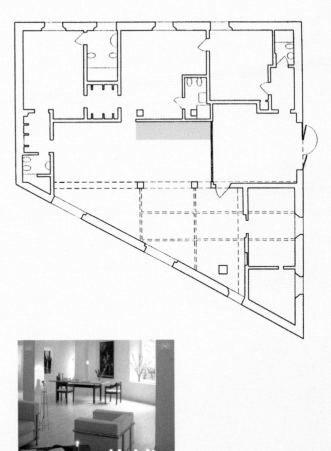

Habiter

**Surface**

Padoue
ITALIE

**Achèvement**

1999

**Surface**

120 m²

**Photographe**

Paolo
Utimpergher

Situé au centre de Padoue, au nord de l'Italie, ce loft a servi successivement d'imprimerie, puis d'atelier pour un charpentier. Tout en conservant les caractéristiques d'origine du volume, l'architecte Claudio Caramel a créé une ambiance en accord avec une habitation traditionnelle. Les chambres sont de l'ordre du privé, alors que le séjour, la salle à manger et la cuisine s'enchaînent en une suite ouverte.

L'atmosphère de ce lieu est un équilibre calculé entre technologie et créativité. Certains éléments ont été dissimulés, d'autres mis en lumière. L'accès, informel, se fait par le garage et crée une entrée inhabituelle.

Un petit espace de travail a trouvé sa place dans le séjour. Le bureau ancien prend des allures de sculpture au milieu de cette enveloppe douce. Les traces de la précédente affectation ont été conservées : murs de brique, gaines de ventilation, poteaux peints en blanc et bandeau de briques de verre. Les meubles, subtile association de pièces de valeur et d'éléments recyclés, apportent la touche finale à cette composition toute en nuances.

69

Manuel Ocaña del Valle

# Articulation monochrome

| Situation |
| --- |
| Madrid ESPAGNE |

| Achèvement |
| --- |
| 2000 |

| Surface |
| --- |
| 100 m² |

| Photographe |
| --- |
| Alfonso Postigo |

Ce projet a consisté à réorganiser entièrement un appartement situé dans un immeuble ancien du centre de Madrid. La distribution avait subi de nombreuses modifications et une suite de rénovations ponctuelles en avait gommé toute fonctionnalité.

L'architecte a repensé l'espace en fonction des circulations et des murs porteurs. La nouvelle distribution divise l'appartement en deux volumes équivalents : un premier espace, vaste et ouvert, puis un second, redécoupé en différentes pièces. C'est dans la plus petite de ces pièces que se trouve un bureau, dont le long plan de travail recouvert d'inox et les étagères intégrées qui le surplombent longent une paroi vitrée qui sépare le bureau de la chambre. Le choix de ces parois transparentes relie visuellement les volumes et agrandit l'espace. La palette colorée, douce et légère, fluidifie elle aussi le passage d'une pièce à l'autre.

Les matériaux et les textures choisis pour cette rénovation s'accordent au parti pris de l'implantation. Bois et métal habillent les pièces humides. Une série de panneaux, opaques et épais, rythme la distribution spatiale.

72

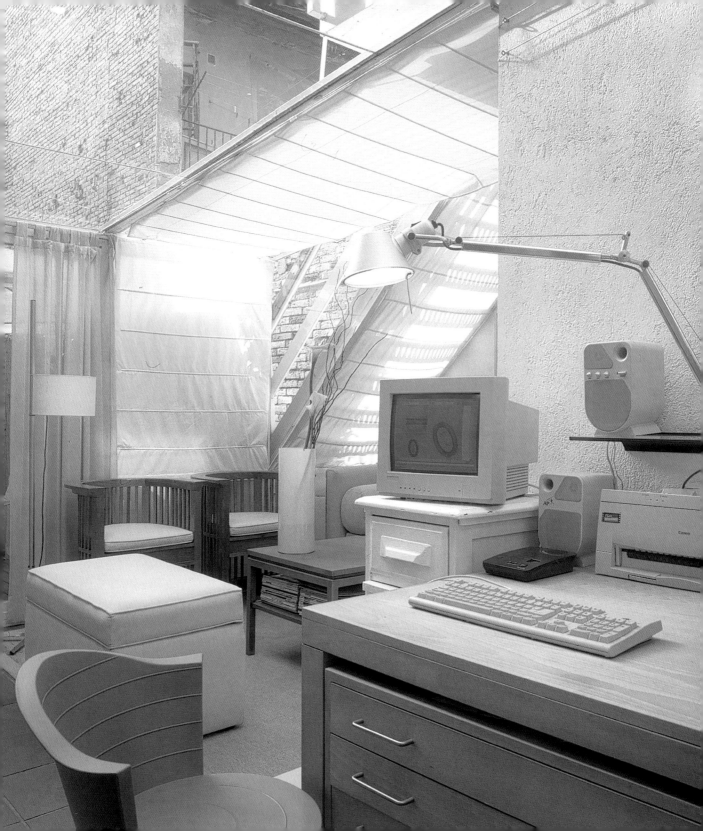

Haehndel and Coll

# Métamorphose d'une étable

| Situation |
| --- |
| Sant Cugat ESPAGNE |

| Achèvement |
| --- |
| 2000 |

| Surface |
| --- |
| 80 m$^2$ |

| Photographe |
| --- |
| David Cardelús |

Ce bâtiment ancien se trouve dans le centre de Sant Cugat del Vallès, dans la province de Barcelone. Construit dans le style traditionnel de cette province, il servit tout d'abord d'étable, puis fut aménagé en atelier de couture par un tailleur.

Après de nombreuses années d'abandon, deux jeunes couples entreprirent une complète rénovation pour s'y installer. Le volume qui fut tour à tour une étable, puis un atelier, s'est transformé en un vaste séjour, dont le plafond voûté typiquement catalan a été soigneusement préservé. L'espace de travail bénéficie d'un important apport de lumière naturelle, grâce à sa couverture vitrée et à une porte-fenêtre transparente qui s'ouvre sur un petit patio japonisant. Les lames de teck qui habillent le sol du patio créent un jeu de perspective qui accentue visuellement sa profondeur. L'ameublement privilégie les tonalités claires dans ces volumes inondés de lumière.

# Belmont Freeman Architects
# **Résidence Rosenberg**

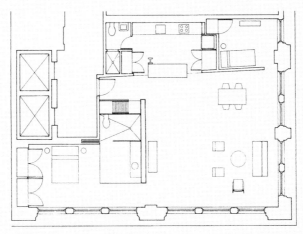

Niveau bas

Habiter

Travailler

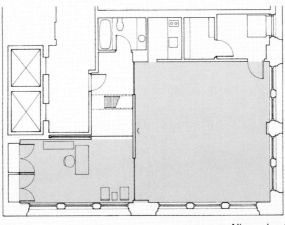

Niveau haut

| Situation |
| --- |
| New York ÉTATS-UNIS |

| Achèvement |
| --- |
| 1998 |

| Surface |
| --- |
| 280 m² |

| Photographe |
| --- |
| Christopher Wesnofske |

La résidence Rosenberg est située dans un immeuble commercial de Manhattan datant du début du XXᵉ siècle, transformé en logements dans les années 1980. En plaçant le lieu de travail et le lieu de vie sur deux niveaux différenciés, les architectes ont créé une entité tout en accordant à chaque fonction une appréciable autonomie de fonctionnement.

Le projet se développe sur ces deux volumes, superposant l'activité professionnelle et l'habitation d'un grand amateur d'art. Les architectes ont utilisé le même langage formel sur les deux espaces, tout en insistant sur la spécificité de chacun par l'emploi de matériaux différents.

Le niveau haut abrite un séjour, une cuisine et deux chambres. L'absence de cloisonnement laisse la lumière naturelle s'engouffrer sur toute la longueur des façades. Le niveau bas sert de bureau et d'atelier ; le sol de béton est rythmé par des joints de dilatation en zinc. Des écrans mobiles, pleins ou translucides, permettent de modifier la configuration des espaces de travail. Les deux niveaux sont reliés par un escalier dont le dessin fait référence à l'architecture navale.

84

L'étage supérieur abrite le logement : le séjour, la cuisine et les deux chambres sont accessibles depuis l'étage de bureau grâce à un escalier qui fait référence à l'architecture navale.

## Abelow Connors Sherman Architects

# Un loft atypique

Rez-de-chaussée

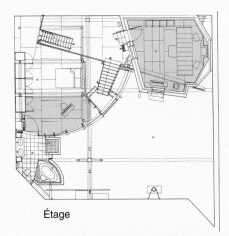

Étage

| Situation |
| :---: |
| Jersey,<br>New Jersey<br>ÉTATS-UNIS |
| **Achèvement** |
| 1993 |
| **Surface** |
| 225 m² |
| **Photographe** |
| Michael<br>Moran |

Ce projet se distingue par l'empreinte fortement industrielle de sa conception et la diversité des éléments constructifs utilisés. Le bâtiment, datant de 1880, avait abrité successivement une étable et un entrepôt ; ses particularités étaient intactes : pente de toit, dense réseau de poutres, piliers de bois et murs de brique. Les architectes ont souhaité conserver l'esprit atypique du volume ; leur intervention s'est focalisée sur la fonctionnalité nécessaire à la création d'un logement et d'un espace de travail.

Le client, musicien et producteur, souhaitait bénéficier d'espaces de vie confortables alliés à un bureau et à un studio d'enregistrement performant. Le projet des architectes a concilié avec une grande créativité les activités domestiques et les activités professionnelles de leur client.

La hauteur sous plafond, équivalant à trois niveaux, joue un rôle prépondérant dans l'acoustique du séjour comme du studio d'enregistrement. Le premier étage abrite la cuisine, la salle à manger, la bibliothèque et une salle d'informatique. Les chambres et la salle de mixage se trouvent au second étage. Espaces privatifs et espaces de travail se répartissent ainsi côte à côte dans tout le loft.

La configuration du volume a permis de créer des connexions verticales et horizontales entre les pièces et les fonctions. Des panneaux mobiles coulissent devant des baies libres pour relier ou isoler certaines pièces. Ces applications concrètes de flexibilité d'un volume sont en parfaite adéquation avec le style de vie du propriétaire des lieux.

88

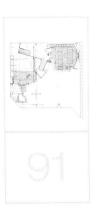

91

Frank Lupo et Daniel Rowen

# Appartement Lipschutz-Jones

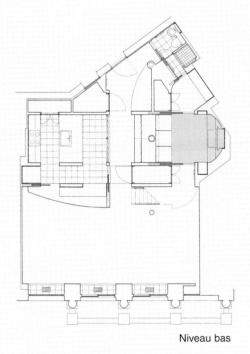

Niveau bas

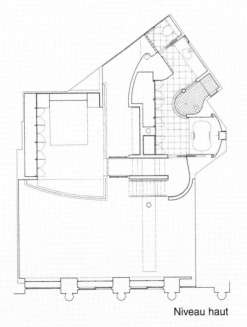

Niveau haut

**Situation**

New York
ÉTATS-UNIS

**Achèvement**

1998

**Surface**

149 m²

**Photographe**

Michael
Moran

L'appartement Lipschutz-Jones, à Manhattan, a été conçu pour un couple d'agents de change de Wall Street. Les clients souhaitaient disposer d'un espace de travail intégré à un vaste séjour. Ce lieu de travail devait regrouper une installation informatique sophistiquée leur permettant de surveiller à tout moment le marché international.

Le séjour se développe en façade et bénéficie d'une double hauteur sous plafond. Les autres pièces sont distribuées sur deux niveaux à l'arrière du séjour, de part et d'autre d'un couloir. La chambre se trouve au-dessus de la cuisine, et la salle de bain au-dessus du bureau. L'implantation du bureau permet une isolation totale avec la chambre, mais conserve une jonction visuelle avec le couloir et la cuisine. En plus des écrans encastrés dans le meuble lui-même, six autres écrans sont répartis dans l'appartement.

Un escalier métallique conduit à l'étage. Le métal est également présent sur le garde-corps du palier et sur la main-courante qui ourle le cloisonnement partiel de la chambre. Le parti pris architectural est renforcé par l'utilisation de matériaux nobles : érable, marbre, granit et vitrage translucide.

Les clients souhaitaient disposer d'un espace intégrant une installation informatique sophistiquée leur permettant de surveiller le marché international à tout moment.

95

96

97

Kalhöfer & Korschildgen

# Un bureau coulissant

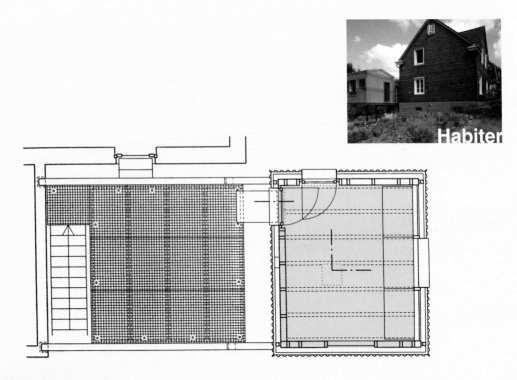

Habiter

Travailler

| Situation |
| --- |
| Remscheid ALLEMAGNE |
| **Achèvement** |
| 1997 |
| **Surface** |
| 40 m² |
| **Photographe** |
| Wilfried Dechau |

Les clients, deux journalistes, avaient besoin d'un lieu de travail flexible qui pourrait assumer différentes fonctions. Les jeunes architectes en charge du projet inventèrent une solution radicale et hors des chemins battus : un bureau posé sur des coulisses pour pouvoir être déplacé selon les besoins ou les envies.

Tenant compte de la passion des propriétaires pour leur jardin, les architectes décidèrent de ne pas empiéter sur l'espace libre autour de la maison. Implanté à un angle de l'habitation existante, le nouveau volume, arrimé sur une structure coulissante, s'écarte de la construction durant l'été et s'en rapproche pendant tout l'hiver. Dans les deux cas, le positionnement du volume tire le meilleur parti possible de son implantation : de juin à septembre, il libère une terrasse en plein air, et durant l'hiver, les propriétaires peuvent rejoindre leur bureau sans avoir à passer par l'extérieur.

Le volume du bureau reprend exactement celui d'un bâti existant perpendiculairement au bâtiment principal. Son enveloppe extérieure est réalisée en feuilles de PVC ondulé transparent qui jouent un rôle isolant. L'enveloppe intérieure comporte une couche d'isolant habillé de contreplaqué.

La destination de l'extension peut évoluer au fil des saisons. L'aménagement intérieur, basique et multifonctionnel, permet une utilisation du bureau comme serre sans transformation complexe.

Élévation

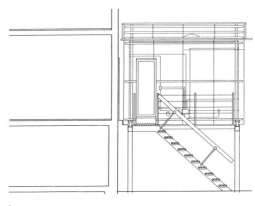

Coupe

102 La mobilité du bureau, monté sur des coulisses, permet de bénéficier d'un espace de travail séparé de l'habitation.
Le volume peut également servir de serre aux beaux jours.

# Agences d'architectes

Xavier Gomà

# Une tour rénovée

Habiter

Travailler

Agence et habitation se déploient sur deux niveaux de cette tour typique de Barcelone, dans un immeuble datant du début du XXᵉ siècle. Son actuel propriétaire s'y est installé dans les années 1970, remodelant entièrement l'ancien appartement de vacances d'une famille nombreuse.

Le programme de rénovation s'est échelonné sur plusieurs années. Pour séparer physiquement les fonctions de vie et les fonctions de travail, l'architecte a implanté son agence à l'étage inférieur, et l'habitation à l'étage supérieur. La présence de la cuisine à l'étage inférieur constituait un obstacle à cette répartition : elle a été supprimée. Une nouvelle cuisine a été aménagée à l'étage supérieur et bénéficie d'un accès direct à une terrasse qui sert de salle à manger d'été. Une partie de la distribution intérieure a été conservée ; seules quelques cloisons ont été abattues pour requalifier et amplifier certains volumes.

Le carrelage, revêtement de sol traditionnel des appartements de Barcelone, a été remplacé par du parquet. Tous les éléments d'origine ont été conservés : moulures, vitraux, radiateurs et garde-corps de l'escalier reliant les deux niveaux. Simplement peints en blanc, les volumes et la modénature spécifiques du bâti sont ainsi unifiés et rajeunis. Ponctuée de meubles contemporains et fonctionnels, l'atmosphère du lieu, tout en respectant le passé, s'inscrit totalement dans le présent.

110    Une enveloppe blanche et des meubles fonctionnels participent à la création d'une ambiance très contemporaine.

Christophe Pillet

# L'appartement de Christophe Pillet

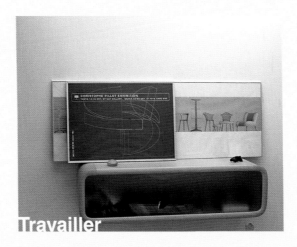

| Situation |
| --- |
| Paris FRANCE |

| Achèvement |
| --- |
| 1999 |

| Surface |
| --- |
| 125 m$^2$ |

| Photographe |
| --- |
| Agence Omnia |

C'est à Paris, près du cimetière du Père Lachaise, que l'architecte Christophe Pillet a installé son agence et son appartement. Trois points forts ont été déterminants pour cette rénovation : éliminer au maximum le cloisonnement pour fluidifier l'espace, mettre à nu et conserver les éléments de structure, et peindre tous les volumes en blanc.

Il en résulte une ambiance épurée, presque austère, où la lumière joue le premier rôle : elle s'engouffre par les nombreuses fenêtres et les deux verrières situées dans le séjour. L'implantation est distribuée autour de deux axes : le séjour et, à l'étage supérieur, les deux pièces de l'agence.

Cette dernière est aménagée avec la même sobriété que l'habitation. L'espace de travail comprend un vaste bureau en L qui se déploie le long des murs. À l'opposé, une table à dessin bénéficie amplement de la lumière du jour. Les menuiseries d'origine des fenêtres, comme les canalisations apparentes du chauffage, ont été conservées et peintes en blanc. Christophe Pillet a su créer une enveloppe empreinte de simplicité et de pureté pour créer des volumes modulables et flexibles.

114

Fury Design

# Association de matériaux

Habiter

Travailler

**Situation**

Philadelphie
ÉTATS-UNIS

**Achèvement**

1997

**Surface**

93 m²

**Photographe**

Catherine
Tighe

En regroupant leur appartement et leur agence, les architectes James Fulton et Eric Rymshaw ont opté pour des meubles fonctionnels et ont privilégié la mise en scène d'objets soigneusement choisis pour créer une atmosphère à la fois ordonnée et chaleureuse. L'aménagement a nécessité une implantation précise de chaque meuble pour conserver une unité et une fonctionnalité d'autant plus nécessaires que la surface était limitée. La bibliothèque qui court le long du mur est composée d'éléments métalliques ; elle accueille une collection de poteries en partie haute, et des bacs de rangement en zinc en partie basse. Un long module de tiroirs, situé sous la fenêtre, permet le rangement des documents. Le bureau est un grand rectangle de bois placé perpendiculairement à la fenêtre. Une desserte montée sur roulettes se déplie pour accueillir l'ordinateur.

Le bureau comporte également un téléviseur, accompagné de fauteuils et d'une table basse. Cet espace peut ainsi servir de salon de télévision ou de lieu de réunion avec les clients. Cet endroit est convivial, chaleureux et très personnel ; sous son apparente désinvolture se cache en réalité une organisation très précise.

120 Le plan de travail de la table est complété par un long module de rangement et une desserte mobile.

Oriol Roselló et Lucía Feu

# Loft Oriol

Habiter

Travailler

| Situation | |
|---|---|
| Barcelone ESPAGNE | |

| Achèvement | |
|---|---|
| 2000 | |

| Surface | |
|---|---|
| 160 m$^2$ | |

| Photographe | |
|---|---|
| Jordi Miralles | |

Dans le quartier d'Eixample, à Barcelone, une ancienne usine textile a été transformée en immeuble de logements. L'architecte Oriol Roselló a conservé les caractéristiques du rez-de-chaussée, particulièrement la trame de poutres métalliques typique du bâti industriel d'origine. L'appartement ouvre sur deux patios. Le plus grand est situé le long du séjour et sert de salle à manger et de salon durant l'été. Le second, plus petit, crée un sas entre la chambre, la cuisine et le bureau.

Le loft est également le lieu de travail de l'architecte, qui a scindé son agence en deux zones, une près du patio intérieur et l'autre près de l'entrée. Le plancher de bois de l'étage est supporté par une structure métallique. Cet étage est desservi par un escalier atypique, divisé en deux modules ; le module posé au sol sert de rangement, et celui qui forme les dernières marches supérieures est fixé à la structure métallique du plancher haut. Cet escalier, conçu comme une sculpture, laisse le regard appréhender le volume sans obstacle. La cuisine est isolée de l'entrée par un radiateur à fines lames, comme une claustra. Les ustensiles sont placés à portée de main sur des étagères murales métalliques.

L'aménagement juxtapose des meubles cultes, comme les chaises du bureau de Marcel Breuer, et des meubles basiques. Les tapis de Nani Marquina se marient aux objets de décoration que le propriétaire a rapporté de ses voyages autour du monde.

La chambre peut être isolée du séjour au moyen d'un rideau léger suspendu sur un câble métallique fixé à mi-hauteur.
La zone de travail est visible de l'autre côté du patio.

# Jürgen Reichardt

# Effet de synergie

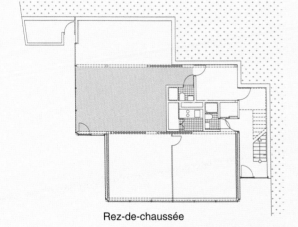

Rez-de-chaussée

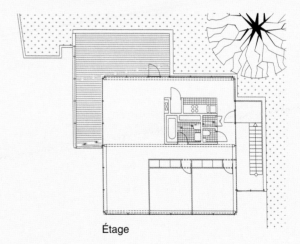

Étage

| Situation | |
|---|---|
| Essen ALLEMAGNE | |

| Achèvement | |
|---|---|
| 1996 | |

| Surface | |
|---|---|
| 300 m² | |

| Photographe | |
|---|---|
| Klaus Ravenstein | |

L'architecte Jürgen Reichardt a construit sa maison et son agence sur l'emplacement d'un ancien entrepôt de charbon, orienté plein sud. Le terrain présente une forte dénivellation – plus de 6 m. Le bâtiment s'enroule en partie contre un mur de béton armé qui se prolonge ensuite par une délicate structure métallique habillée de verre et de bois. Le toit-terrasse est engazonné, pour une intégration maximale du bâtiment dans son environnement. Cette maison est un lieu de travail, mais aussi un lieu de vie pour Richard et sa famille. L'agence et une chambre d'amis se trouvent au rez-de-chaussée ; le logement investit l'étage. Les pièces forment de grands plans libres qui peuvent être segmentés en fonction des besoins par un jeu de cloisons mobiles métalliques.

La diversité des matériaux employés crée un bâti composite : le squelette est en métal, le mur de soutien en béton armé, et la façade alterne des panneaux transparents de vitrage vert et de panneaux opaques de bois rouge. Chaque élément métallique, de conception complexe, a été préassemblé en usine avant d'être mis en place sur la structure.

Les réalisations de Jürgen Reichardt sont particulièrement réputées pour le soin qu'il apporte à leur intégration dans le site : sa propre maison ne fait pas exception à cette règle. Des simulations de consommation énergétique ont permis d'optimiser les installations, qui incluent des panneaux solaires situés sur le toit. Cette maison ne se contente pas d'être un manifeste du savoir-faire de l'architecte, elle est également fonctionnelle et chaleureuse.

# Une agence particulière

| Situation | |
|---|---|
| Los Angeles ÉTATS-UNIS | |

| Achèvement | |
|---|---|
| 2000 | |

| Surface | |
|---|---|
| 185 m² | |

| Photographe | |
|---|---|
| Lehrer Architects | |

L'agence de l'architecte Michael B. Lehrer et de la paysagiste Mia Lehrer occupe le deuxième étage de leur maison, située au sommet d'une colline du quartier de Los Feliz, à Los Angeles. Le parfait équilibre entre les espaces de vie et les espaces de travail s'est construit au fil des ans, subissant de nombreux aménagements successifs avant d'arriver à des solutions satisfaisantes pour toute la famille.

Pour profiter au maximum du point de vue panoramique sur toute la ville, l'architecte a préféré installer l'étage principal de vie au premier étage plutôt qu'au rez-de-chaussée. On y accède directement de l'extérieur par un escalier. À l'intérieur, une seule cage d'escalier relie directement le rez-de-chaussée au niveau de l'agence, sans desservir l'étage d'habitation. La surface totale de la maison couvre 560 m², dont 185 m² sont attribués à l'agence. Lors de l'achat de la maison, le second étage était inoccupé. L'agence s'y est installée peu à peu, en ouvrant des baies vitrées, des fenêtres de toit, en installant des étagères et en affectant des espaces aux nombreuses activités du couple. La création de zones de rangement, de bureaux et de dessertes d'ordinateurs permet de tirer parti de tout le volume, malgré la forte pente de la toiture. Les maquettes des projets terminés sont suspendues sous les poutres, permettant de puiser l'inspiration pour les projets futurs.

135

# Enric Miralles et Benedetta Tagliabue

# Une maison à La Clota

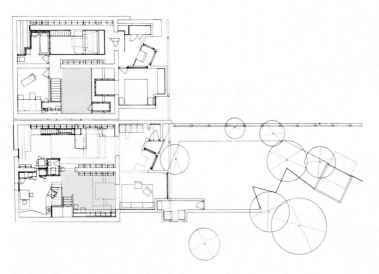

| Situation | |
| --- | --- |
| Barcelone ESPAGNE | |
| **Achèvement** | |
| 1998 | |
| **Surface** | |
| 193 m² | |
| **Photographe** | |
| Jordi Miralles | |

Ce projet avait pour but de réunir, restaurer et agrandir deux maisons mitoyennes de La Clota, dans la banlieue de Barcelone, pour créer une seule et unique habitation incluant une agence-bibliothèque. La structure de la première maison a été conservée en l'état, tandis que la seconde a subi d'importantes modifications.

Séjour, salle à manger et cuisine, ainsi que les trois chambres de l'étage, sont implantés à l'arrière du bâtiment. L'escalier existant a été conservé, et les poutres ont été mises à nu dans certaines pièces. Le centre de la construction a été évidé pour y installer des passerelles et un puits de lumière.

Ce nouveau cœur de la maison abrite un hall d'entrée qui mène vers un séjour et une bibliothèque qui s'ouvre sur deux niveaux et dont les poutres ont été partiellement blanchies. Les passerelles qui permettent d'accéder aux rayonnages supérieurs de la bibliothèque relient également les chambres à la salle de bain. La passerelle de pin s'élargit près de la chambre pour former un coin de lecture ou improviser un dressing. L'étage supérieur peut être rejoint par l'escalier d'origine ou par le nouvel escalier implanté près du bureau. Comme la plupart des éléments du mobilier, cet escalier a été dessiné par les architectes ; léger, mobile, il intègre des étagères et s'harmonise avec le style de la maison. Tous les éléments pré-existants ont été laissés en l'état. Les modifications et les agrandissements combinent la simplicité du blanc et la chaleur du pin doré.

138

141

# Un atelier de forgeron

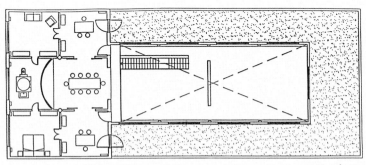

Étage

Habiter

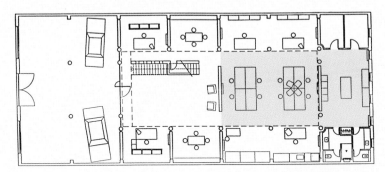

Rez-de-chaussée

Travailler

| Situation | |
| --- | --- |
| Palma de Majorque ESPAGNE | |

| Achèvement | |
| --- | --- |
| 1999 | |

| Surface | |
| --- | --- |
| 335 m² | |

| Photographe | |
| --- | --- |
| Pere Planells | |

Cet ancien atelier de forgeron, transformé en agence et en habitation pour un architecte, se trouve à Molinar, un petit village de l'île de Majorque. Le point fort du projet a consisté à conserver impérativement l'ampleur du volume de l'atelier. Pour souligner le passé industriel de l'atelier, faire pénétrer la lumière naturelle et matérialiser l'accès du bâtiment, la façade a été totalement habillée de vitrages transparents, fixés sur de fins cadres de bois. Les cloisons s'interrompent avant le plafond pour préserver l'unité spatiale. Ces cloisons différencient les zones de travail et permettent l'accrochage de tableaux. À l'étage, des cloisons coulissantes séparent les volumes d'habitation de la salle de réunion.

Les concepteurs ont privilégié les lignes fluides, les finitions brutes et les matériaux basiques tel que le sol de béton poli. Tous les éléments existants, comme les fermes de la charpente, les fenêtres longues et étroites et les poteaux, ont été conservés. Le volume de travail du rez-de-chaussée est en totale connection visuelle avec le volume d'habitation de l'étage.

146

147

# Farshid Moussavi et Alejandro Zaera

# Un loft à Pimlico

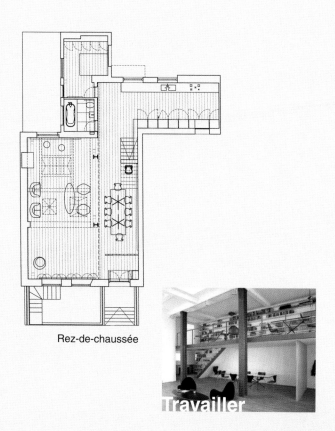

Rez-de-chaussée

Mezzanine

| Situation |
| --- |
| Londres GRANDE-BRETAGNE |

| Achèvement |
| --- |
| 1998 |

| Surface |
| --- |
| 180 m² |

| Photographe |
| --- |
| Valerie Bennett |

Bien que les architectes Farshid Moussavi et Alejandro Zaera travaillent seulement ponctuellement à la maison, l'espace multifonctions qu'ils ont imaginé est présenté dans cet ouvrage car il mêle activités personnelles et professionnelles et des pièces utilisables indifféremment de jour comme de nuit. Situé dans le quartier de Pimlico, le loft londonien qu'ils ont aménagé présente une hauteur sous plafond appréciable (environ 4,80 m).

Les architectes ont su tirer parti des caractéristiques du lieu. La hauteur sous plafond a permis la création d'une mezzanine, augmentant la surface du loft de 60 m² ; cette mezzanine abrite une chambre, qui peut être isolée par des panneaux coulissants, et une salle de bain. Des étagères murales courent depuis le rez-de-chaussée jusqu'à la mezzanine.

La palette de matériaux a été volontairement restreinte pour conserver l'unité de l'espace et ne pas parasiter les volumes. Tous les murs et les plafonds ont été peints en blanc, à l'exception d'un des murs de la cuisine, habillé d'ardoise. Tous les sols ont été recouverts de larges lames de chêne massif.

Coupe transversale

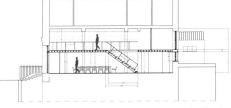

Coupe longitudinale

152 La création d'une mezzanine a nettement augmenté la surface habitable ; elle abrite une chambre, qui peut être isolée au moyen de panneaux coulissants, une salle de bain et des étagères.

Guthrie et Buresh

# Un logement translucide

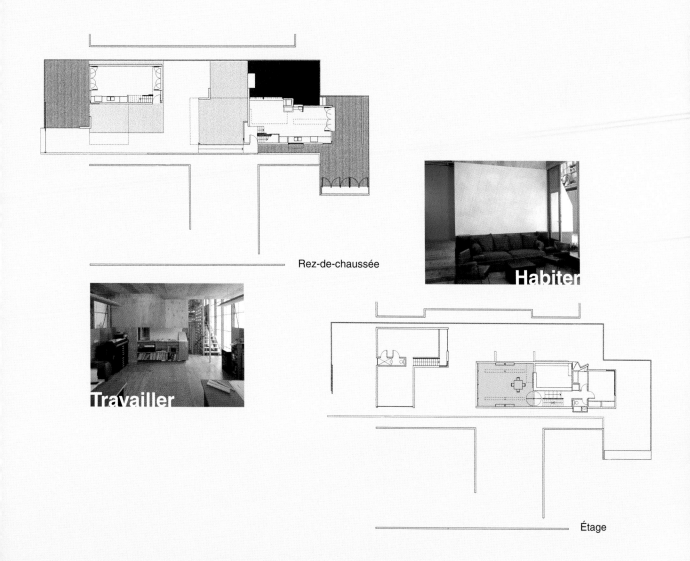

Rez-de-chaussée

Travailler

Habiter

Étage

| Situation | |
|---|---|
| Hollywood ÉTATS-UNIS | |
| **Achèvement** | |
| 1996 | |
| **Surface** | |
| 167 m$^2$ | |
| **Photographe** | |
| Tom Bonner | |

Dessinée par Danelle Guthrie et Tom Buresh pour abriter à la fois leur habitation et leur agence, cette maison est située à Hollywood, quartier résidentiel de Los Angeles. La structure de bois comprend trois niveaux. Le séjour, la cuisine et le parking extérieur se trouvent au rez-de-chaussée. Le premier étage comprend l'agence d'architecture et les chambres des enfants ; au dernier étage sont situées la chambre des maîtres de maison et une terrasse.

Deux matériaux sont prédominants, tous deux utilisés sous forme de panneaux modulaires : le bois pour le sol et les murs, le polycarbonate pour la façade. Les caractéristiques du revêtement translucide choisi pour habiller les façades modifient perpétuellement son aspect, selon l'intensité de l'éclairage ou la position de l'observateur. La répartition des espaces intérieurs met en pratique l'idée partagée par les deux architectes selon laquelle il doit y avoir interférence entre espaces privés et communs dans des zones hautement urbanisées.

À l'intérieur, les pièces de l'habitation sont séparées des espaces de travail par des différences de niveau, des panneaux disposés stratégiquement et des zones tampons. Le bâtiment lui-même a puisé son influence dans les projets-phares de la région. La fermeture des volumes par des panneaux translucides évoque la légèreté des façades de la maison Eames, et le parti pris constructif mettant en œuvre des techniques bon marché rappelle les maisons de Rudolf Schindler.

Peter W. Schmidt

# Une maison à Pforzheim

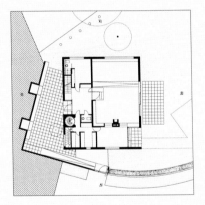

Rez-de-chaussée

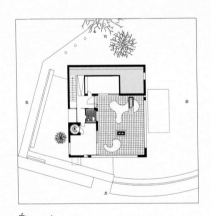

Étage 1

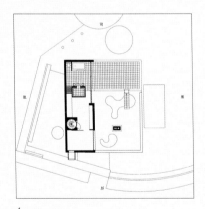

Étage 2

**Situation**

Pforzheim
ALLEMAGNE

**Achèvement**

1997

**Surface**

455 m²

**Photographe**

Stefan
Müller

Ce projet, qui conjugue habitation et agence, a été construit sur les hauteurs de la ville allemande de Pforzheim. Lassé des trajets journaliers entre son agence et son logement, l'architecte souhaitait abriter dans une même construction sa vie privée et son travail.

Peter Schmidt a imaginé deux structures séparées, reliées par leur positionnement stratégique sur le site. L'organisation fonctionnelle permet de respecter l'indépendance nécessaire à chaque entité ; l'utilisation des mêmes matériaux et détails constructifs unifie formellement les bâtis.

Les portes-fenêtres coulissantes et les fenêtres sont réalisées en cèdre rouge. Le revêtement de sol diffère selon la destination des pièces. Le séjour et le hall d'entrée sont parquetés de hêtre, alors que la cuisine et les circulations sont carrelées.

L'agence de l'architecte est un vaste plan libre qui s'ouvre sur le jardin. Le volume de béton armé est recouvert de modules de basalte à l'extérieur et habillé d'enduit clair à l'intérieur. La lumière naturelle pénètre par les larges baies vitrées. Le regard se perd dans le paysage qui s'étend à perte de vue : la relation avec l'extérieur est totale.

## Joan Bach

# Un loft sur quatre niveaux

Travailler

Habiter

Rez-de-chaussée

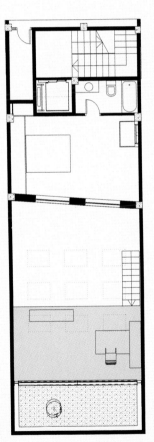

Mezzanine

| Situation |
| --- |
| Barcelone ESPAGNE |

| Achèvement |
| --- |
| 2000 |

| Surface |
| --- |
| 125 m² |

| Photographe |
| --- |
| Jordi Miralles |

Ce projet occupe les deux premiers niveaux d'un immeuble du quartier de Gracia, au centre de Barcelone. L'immeuble a été entièrement remanié par l'architecte Joan Bach, qui a réservé les deux premiers niveaux pour son usage personnel en y installant à la fois son logement et son bureau.

La particularité de ce loft est due à la création de quatre niveaux différents, qui permettent de délimiter les fonctions sans aucun cloisonnement. Le niveau bas abrite l'entrée, un espace de réception et des toilettes. Au-dessus, la chambre et la salle de bain sont accessibles par une plate-forme élévatrice. Trois marches mènent au séjour situé en contrebas ; il bénéficie de toute la hauteur sous plafond du volume et s'ouvre entièrement sur un patio ceinturé de murs clairs qui accentuent l'apport de lumière naturelle dans la pièce. Une mezzanine métallique accueille le bureau du maître de maison.

Le parti pris audacieux de l'implantation est accentué par l'aménagement : le choix du mobilier, le traitement zen du patio et l'éclairage créent une atmosphère propice à la détente. Chaque détail a été conçu pour privilégier le confort. C'est le cas, par exemple, pour l'éclairage zénithal dont les ouvrants basculent électriquement pour ventiler le loft.

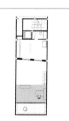

166

Une plate-forme métallique permet d'accéder à la chambre et la salle de bain, qui se trouvent au-dessus de l'entrée et bénéficient d'un point de vue exceptionnel sur le séjour et le patio.

167

## Jo Crepain

# Résidence Crepain

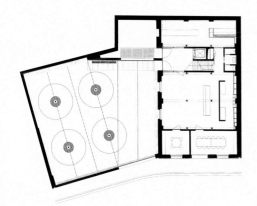

Rez-de-chaussée

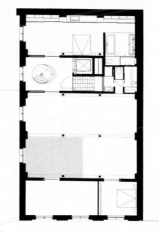

Étage 1

Étage 2

| Situation | |
| --- | --- |
| Anvers BELGIQUE | |
| **Achèvement** | |
| 1998 | |
| **Surface** | |
| 1,300 sq. ft. | |
| **Photographe** | |
| Jan Verlinde, Ludo Noël | |

Ce projet résulte de la réhabilitation d'un ancien entrepôt du centre d'Anvers. Ce bâtiment, datant du début du XX$^e$ siècle, abrite désormais la résidence et l'agence de l'architecte. Au rez-de-chaussée, une cour arborée servant de parking a remplacé un bâtiment de bureaux vétustes.

Le projet devait avant tout permettre de conserver scrupuleusement chaque détail du bâtiment d'origine : les plafonds ont été restaurés et certaines fenêtres, murées, ont été dégagées. L'agence est répartie sur deux niveaux : le rez-de-chaussée et le premier étage. L'habitation est répartie sur les second et troisième étages et abrite une surface réservée à la présentation d'une collection d'œuvres d'art. Le séjour bénéficie d'une hauteur sous plafond de quatre mètres et d'une vue panoramique sur les toits de la ville et les flèches de la cathédrale. Les surfaces de béton – matériau à la base du projet – sont ponctuées d'aluminium sur la terrasse et de bois sombre à l'intérieur.

La bibliothèque se déroule d'un bout à l'autre du mur du séjour, doublée par deux longues tables qui délimitent une frontière virtuelle entre l'étude et la détente.

Elizabeth Alford

# Conjugaison de fonctions

| Situation | |
|---|---|
| New York ÉTATS-UNIS | |

| Achèvement | |
|---|---|
| 2001 | |

| Surface | |
|---|---|
| 195 m² | |

| Photographe | |
|---|---|
| Jordi Miralles | |

Peintre et architecte, Elizabeth Alford a choisi de regrouper ses activités professionnelles et son lieu de vie dans un seul et même espace, tout en différenciant les fonctions. L'implantation sépare totalement l'habitation des surfaces de travail. Un long trait fluorescent relie visuellement les différentes activités. Le regard est arrêté par des étagères métalliques qui regroupent des échantillons de sable que l'artiste utilise pour ses créations. Cette structure industrielle joue un rôle décoratif prépondérant dans cet espace épuré. Le métal se retrouve également sur le bureau. Le panneautage de bois qui enveloppe sol, plafond et murs crée une ambiance blonde et chaleureuse. Le choix et la disposition des meubles oblongs accentuent la perspective.

Le projet, entièrement élaboré par Elizabeth Alford, a pris en compte jusqu'au moindre détail pour amplifier les qualités spatiales de la volumétrie. Il associe une implantation fonctionnelle et des lignes géométriques fortes, adoucies ponctuellement par des touches de couleur, déclinées en camaïeux. L'ambiance est calme, sereine et studieuse.

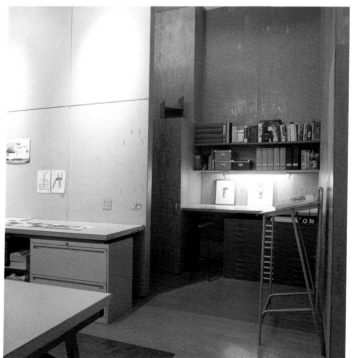

L'implantation fonctionnelle et les lignes géométriques fortes amplifient les qualités spatiales de la volumétrie.

# Randy Brown Architects

# **Recyclage et écologie**

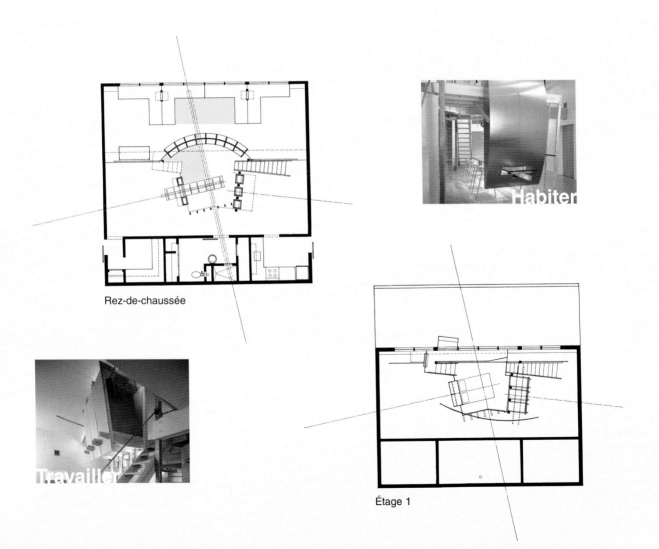

Rez-de-chaussée

Habiter

Travailler

Étage 1

| Situation | |
| --- | --- |
| Omaha, Nebraska ÉTATS-UNIS | |

| **Achèvement** |
| --- |
| 1997 |

| **Surface** |
| --- |
| 160 m² |

| **Photographe** |
| --- |
| Farshid Assassi |

C'est dans une ancienne école maternelle, désaffectée en 1970, que l'architecte Randy Brown a installé son agence et sa maison. Une fois les volumes entièrement dégagés, l'architecte a procédé par tâtonnements, plaçant des éléments, en déplaçant d'autres, jusqu'à obtenir un bâtiment en adéquation totale avec son style de vie et sa manière de travailler.

Le credo de Randy Brown : militer pour l'écologie et oser prendre des risques. Dans tous ses projets, il met en pratique ces règles de conduite par un travail très approfondi sur les sources énergétiques. Aux États-Unis, les bâtiments consomment environ 45 % d'énergie. Le soleil, le vent et l'eau peuvent fournir à une maison l'énergie nécessaire à son bon fonctionnement. L'orientation du bâti par rapport au soleil, l'installation de panneaux solaires et l'utilisation de matériaux recyclés, dès la conception du projet, peuvent réduire la consommation énergétique extérieure de 75 %.

Le bâtiment comporte deux niveaux ; l'agence et les espaces diurnes de l'habitation (cuisine, séjour) se trouvent au rez-de-chaussée. L'étage abrite la chambre et le dressing. Au rez-de-chaussée, l'architecte a différencié trois volumes : d'un côté, l'agence, au centre, la salle à manger et une salle de conférences, tandis que la cuisine et la salle de bain, ainsi qu'un espace pour les photocopies se trouvent à l'autre extrémité.

Dans la salle de conférences, le meuble emblématique du projet est suspendu au plancher de l'étage : composé d'un squelette en pin carrossé d'acier, il sert de tête de lit à la chambre de l'étage et de support au plateau de la table de la salle à manger.

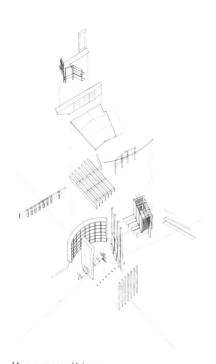

Vue axonométrique

# Studios de designers

Roger Hirsch (Architect) et Myriam Corti

# La maison d'un graphiste

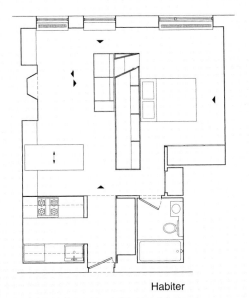

Habiter

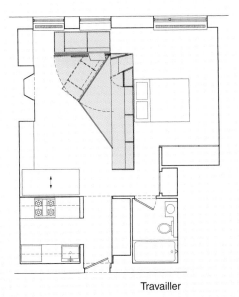

Travailler

**Situation**

New York
ÉTATS-UNIS

**Achèvement**

2002

**Surface**

55 m²

**Photographer**

Minh + Wass

L'objectif de ce projet consistait à conjuguer l'habitation et le bureau d'un graphiste dans un studio de West Village, à Manhattan : pari tenu avec la création d'une véritable pièce de travail, sans avoir pour autant sacrifié les espaces de vie.

Une structure de bois, de 4 m de long par 2,50 m de hauteur, sépare le séjour de la chambre ; elle est positionnée de manière à laisser le passage à chaque extrémité et fonctionne selon deux configurations. En position « habitation », elle se présente sous forme d'un volume compact percé d'une seule fenêtre aux joues épaisses et biaises, qui dirigent le regard vers la lumière naturelle arrivant du second plan. Sous la fenêtre, un long banc supporte un matelas qui sert de sofa ou de lit d'appoint. En position « bureau », la boîte s'ouvre : des panneaux se déplient pour transformer le séjour en espace de travail. Le sofa, fixé en porte-à-faux sur la structure, se replie automatiquement et disparaît au profit de deux postes de travail entièrement équipés.

La position de la table destinée aux repas est modulée par la configuration de la structure centrale : elle coulisse dans le joint creux dessiné à l'arrière d'un long buffet bas. Lorsque l'espace de travail est ouvert, elle glisse le long du mur de la cuisine pour servir de plan de travail complémentaire, et retrouve sa position centrale lorsque le bureau est fermé. Côté chambre, le module sert d'appui à la tête de lit et inclut des tables de nuit.

190 En position « bureau », la boîte déploie de larges panneaux qui transforment le séjour en espace de travail. Le sofa s'efface automatiquement pour laisser place à deux postes de travail entièrement équipés.

Jeremy King

# Un appartement épuré

Habiter

Travailler

| Situation | |
| --- | --- |
| Londres<br>GRANDE-BRETAGNE | |
| **Achèvement** | |
| 2000 | |
| **Surface** | |
| 47 m² | |
| **Photographe** | |
| Montse<br>Garriga | |

L'aménagement de ce petit appartement, appartenant à un célibataire, a consisté à concilier des espaces de vie et de travail, tout en créant le maximum de rangements. Pour répondre à cette exigence, un linéaire de rangement se déroule le long du mur de la chambre ; il est suspendu entre sol et plafond pour préserver visuellement les proportions du volume d'origine. Il abrite une penderie, les équipements électroménagers, ainsi qu'un plan de travail et de rangement pour les archives et les dossiers. Le plan de travail une fois rabattu, la chambre retrouve son calme et sa fonction première.

Chaque détail a été soigneusement étudié de manière à tirer parti du moindre centimètre disponible. Le choix de matériaux, de couleurs et de textures neutres a permis de modérer l'impact de l'intervention et de conserver les caractéristiques d'origine des volumes. L'appartement est entièrement habillé de parquet, pour réchauffer l'atmosphère ; les meubles de la cuisine et de la chambre ont été peints en blanc pour se fondre avec l'enveloppe. Seuls quelques objets apportent une subtile touche de couleur dans des volumes empreints de sérénité.

Felicity Bell

# Un appartement sur Rosoman Street

Habiter

Travailler

| Situation |
| --- |
| Londres GRANDE-BRETAGNE |
| **Achèvement** |
| 1998 |
| **Surface** |
| 56 m² |
| **Photographe** |
| Chris Tubbs |

Cet appartement, situé dans l'arrondissement de Clerkenwell, à Londres, a été conçu pour abriter à la fois l'habitation et les bureaux de Felicity Bell et Christian Papa, tous deux architectes d'intérieur. Le projet s'est particulièrement attaché à dégager les volumes et à en préserver la luminosité, tout en dosant la cohabitation des lieux de vie et de travail.

Ce programme s'est concrétisé par des écrans coulissants : une fois déployés, ils dissimulent la zone de travail, équipée d'un bureau, d'une table à dessin et de nombreuses étagères. Le vaste séjour retrouve ainsi sa fonction d'espace de détente.

Les menuiseries ont été modifiées pour atténuer l'esprit fortement industriel du bâtiment et obtenir une enveloppe neutre et fonctionnelle et une ambiance plus contemporaine.

L'implantation se répartit selon l'axe central de l'appartement : d'un côté se trouve une zone à la destination flexible, tour à tour séjour et bureau, et de l'autre sont implantées la chambre et la salle de bain. Dans l'entrée, deux écrans translucides peuvent être déployés pour créer une petite salle de réunion. Les clients sont reçus confortablement tout en préservant l'intimité de l'habitation.

201

# Ignacio Forteza, Forteza Carbonell Associates
# **Bureau Claret Serrahima**

| Situation | |
|---|---|
| Barcelone ESPAGNE | |
| Achèvement | |
| 1999 | |
| Surface | |
| 110 m² | |
| Photographe | |
| Eugeni Pons | |

Située dans le grenier d'un ancien palais divisé en plusieurs zones multifonctions, cette surface rectangulaire bénéficie d'un important apport de lumière naturelle. Le projet de rénovation, conduit par Ignacio Forteza, s'est attaché à moderniser les volumes et à y implanter des espaces de travail confortables et efficaces, tout en préservant la spécificité du lieu : les pentes de toiture supportées par d'exceptionnelles fermes d'origine.

Le projet a privilégié la circulation de la lumière naturelle, la fonctionnalité des postes de travail et la mise en relation des bureaux avec une terrasse de 45 m², auparavant inaccessible. Les volumes, d'une hauteur de 3,50 m au point le plus bas, ont été entièrement recomposés. La création d'une mezzanine permet d'accéder à la terrasse. Une bibliothèque, une salle de bain et une cuisine se trouvent sous la mezzanine.

L'activité professionnelle des propriétaires – graphistes – impliquait l'aménagement de postes de travail séparés et autonomes. Chaque graphiste bénéficie d'un espace de travail isolé, sans que le volume soit visuellement fractionné. Il reste visible dans sa totalité depuis l'accueil et la salle de réunion. Face à l'accueil, une cloison en L abrite la salle de réunion. L'espace de travail comporte un vaste plan central – formé par la réunion de trois tables – ainsi qu'un bureau spécialement dessiné pour intégrer l'équipement informatique. L'éclairage zénithal est complété par la façade vitrée fermant la terrasse.

206 L'espace de travail comporte un vaste plan central – formé par la réunion de trois tables – complété par un bureau spécialement dessiné pour intégrer l'équipement informatique.

207

Toyo Ito

# Maison T

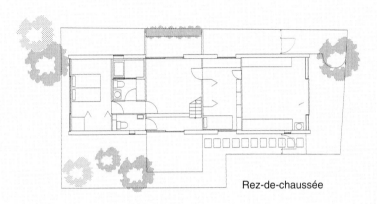

Rez-de-chaussée

**Habiter**

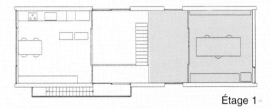

Étage 1

**Travailler**

| Situation |
| --- |
| Tokyo JAPON |

| Achèvement |
| --- |
| 1999 |

| Surface |
| --- |
| 70 m² |

| Photographe |
| --- |
| Shinkenchiku-Sha |

Les projets conçus par Toyo Ito oscillent entre formel et virtuel. L'évolution des outils de communication a modifié les habitudes de travail. Grâce aux nouvelles technologies, les propriétaires ont pu installer leur studio de graphisme au cœur de leur maison. La construction est insérée dans un parcellaire typiquement urbain, tout en bénéficiant d'une façade arrière vitrée qui donne sur un jardin voisin exceptionnel. La distinction entre espaces de vie et espaces de travail est à peine perceptible. L'implantation est conçue comme une succession de volumes hétérogènes et réfléchis. Bureau, chambres et salle de bain se succèdent avec fluidité.

Le minimalisme des matériaux est au service d'une architecture épurée. Le projet comporte trois modules articulés par des vides, comme des respirations entre chaque fonction. La maison n'est pas constituée d'une succession de pièces, c'est un ensemble cohérent qui correspond parfaitement à la façon de vivre de ses habitants : proximité, mais indépendance.

Tout en restant fidèle à ses convictions et à son vocabulaire formel, l'architecte a réalisé une maison claire, sobre et confortable, parfaitement intégrée dans son environnement et en totale adéquation avec les désirs de ses clients.

Plan d'élévation

Helena de Juana

# Sous le ciel de Barcelone

Habiter

Travailler

| Situation |
| --- |
| Barcelone ESPAGNE |

| Achèvement |
| --- |
| 2001 |

| Surface |
| --- |
| 140 m$^2$ |

| Photographe |
| --- |
| Nuria Fuentes |

Cloisonner peut permettre de matérialiser et de délimiter le volume attribué à un bureau dans un logement. Dans ce duplex de Barcelone, créé par et pour une architecte d'intérieur, les cloisons jouent un rôle essentiel dans la différenciation de l'espace de travail et du séjour.

L'appartement se déployait sur un rectangle terminé par une terrasse ; le projet a privilégié l'implantation du séjour et du bureau au niveau bas, et a installé la chambre à l'étage pour plus d'intimité. Le séjour, pièce essentielle de l'appartement, a été placé près de l'entrée et de la chambre de l'étage, ce qui a eu pour effet de reporter le bureau à l'extrémité du rectangle, le long de la terrasse qui génère quiétude et luminosité.

Deux cloisons érigées à mi-hauteur servent de bibliothèque côté bureau et créent une séparation nette avec le séjour, la cuisine et le coin-repas. Pour apporter un éclairage généreux à ces pièces, un puits de lumière a été ouvert au droit du séjour. Bureau et séjour bénéficient tous deux de la lumière naturelle, et d'une totale autonomie de fonctionnement, sans rupture de la continuité visuelle du volume.

214

216

217

218 | Deux cloisons érigées à mi-hauteur servent de bibliothèque côté bureau et créent une séparation nette avec le séjour, la cuisine et le coin-repas.

Jacques Sandjian et Claesson Koivisto Rune

# Une maison suédoise

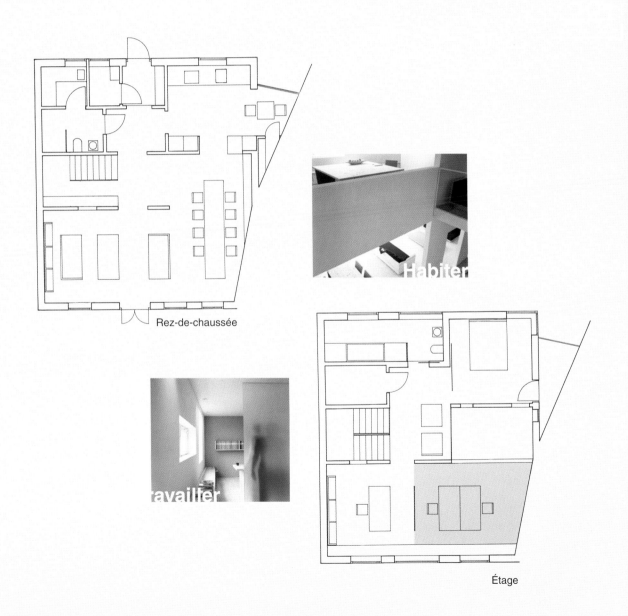

Rez-de-chaussée

Habiter

Travailler

Étage

| Situation |
| --- |
| Stockholm SUÈDE |

| Achèvement |
| --- |
| 1998 |

| Surface |
| --- |
| 154 m$^2$ |

| Photographe |
| --- |
| Åke E:son Lindman |

Ce projet, implanté sur une colline des environs de Stockholm, est la maison-témoin d'un programme résidentiel de cinquante logements mis en œuvre par un important promoteur immobilier suédois. La maison comporte deux niveaux, abritant une salle à manger, une cuisine, une chambre, deux salles de bain, un dressing et un vaste espace de travail. Les architectes ont imaginé un fonctionnement en duplex, privilégiant la fluidité spatiale et la luminosité grâce à un volume vertical traversant les deux niveaux.

L'utilisation de cloisons et de portes a été limitée au strict nécessaire pour accentuer la perméabilité visuelle. La cloison qui sépare le séjour de la cage d'escalier se prolonge à l'étage, créant un axe vertical dynamique. Pour conserver au projet toute son énergie, le bureau est isolé par une cloison vitrée.

Josep Bagá et Marta Rovira

# Un bureau à Barcelone

Habiter

Travailler

| Situation | |
| --- | --- |
| Barcelone ESPAGNE | |
| **Achèvement** | |
| 2002 | |
| **Surface** | |
| 242 m² | |
| **Photographe** | |
| Nuria Fuentes | |

Ce projet a transformé un appartement typique de Barcelone en un vaste plan libre abritant les espaces de vie et de travail. Cloisons, couloirs et chambres ont été supprimés pour créer un volume spacieux, modelé par des portes coulissantes et associant studio de graphisme et habitation.

La distribution traditionnelle des appartements de ce quartier de la ville se fait le long d'un couloir qui donne accès à plusieurs petites chambres, dont certaines bénéficient d'un éclairement naturel très faible. Nombre de ces appartements ont été rénovés en dégageant au maximum la surface et en tirant parti de l'orientation des bâtiments pour éclairer tout le volume. C'est la solution également choisie ici par le graphiste occupant les lieux et l'architecte d'intérieur Marta Rovira. En se dépliant et en coulissant, les cloisons de verre translucide encadrées de bois permettent d'isoler les zones privées et professionnelles. Le bureau jouxte le séjour, de manière à pouvoir former un seul et unique volume selon l'envie.

Le bureau est meublé de robustes plans de travail, de modules de rangements ouverts et d'une bibliothèque qui se prolonge côté séjour. Le bureau donne sur l'extérieur par une terrasse.

228 Le bureau est meublé de robustes plans de travail, de modules de rangements ouverts ; il se prolonge sur l'extérieur par une terrasse.

230

231

Patrizia Sbalchiero

# Un loft de designer

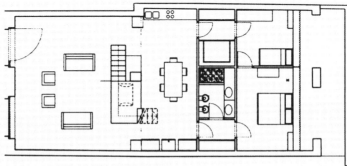

Rez-de-chaussée

Habiter

Travailler

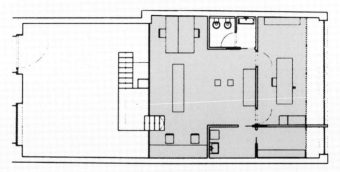

Mezzanine

**Situation**

Milan
ITALIE

**Achèvement**

1998

**Surface**

200 m²

**Photographe**

Andrea
Martiradonna

Cet ancien atelier de charpentier a été transformé en loft pour un jeune couple de graphistes et leur enfant. Le bâti tire ses caractéristiques d'une importante hauteur sous plafond. La structure d'origine de la toiture est en bois et est complétée par une structure métallique. De nouveaux éléments ont été intégrés pour faire pénétrer la lumière naturelle et pour répartir harmonieusement les espaces de vie et de travail.

La hauteur sous plafond a permis à l'architecte de diviser le volume verticalement en créant une mezzanine. On accède à l'étage par un escalier de bois et d'acier qui crée également une séparation symbolique entre les espaces jour et les espaces nuit. L'escalier s'enroule autour d'un pilier en brique – élément structurel fréquent dans les bâtis industriels – et mène au bureau, dont le plafond est légèrement surélevé par rapport au reste du loft. Plusieurs pièces anciennes, comme la table à dessin et le meuble de typographe aux multiples tiroirs, ont trouvé leur place parmi les plans de travail contemporains et les ordinateurs.

La verrière est drapée de stores réalisés en tissu blanc et en tiges de bambou pour diffuser la forte lumière de la région. Plusieurs rectangles ont été évidés dans le plancher : recouverts de vitrage sécurit, ils apportent à la salle à manger et à la salle de bain un éclairage naturel appréciable. Depuis le bureau, le regard plonge sur le séjour. Toutefois, son implantation sur la mezzanine permet de travailler au calme.

234

236  On accède à l'étage par un escalier de bois et d'acier qui crée également une séparation symbolique entre les espaces jour et les espaces nuit. L'escalier s'enroule autour d'un pilier en brique et mène au bureau, dont le plafond est légèrement surélevé par rapport au reste du loft.

237

Antoni Arola

# Un loft catalan

Habiter

Travailler

**Situation**

Barcelone
ESPAGNE

**Achèvement**

2000

**Surface**

185 m²

**Photographe**

Pere
Planells

Tout comme le quartier de Soho à New York, la zone industrielle de Poble Nou à Barcelone est devenu le quartier de prédilection des artistes et des architectes. Les vastes surfaces disponibles, les importantes hauteurs sous plafond et l'abondante lumière naturelle circulant dans les anciennes usines et les entrepôts désaffectés ont séduit de nombreux professionnels en quête de logement et d'espace de travail. C'est le cas d'Antoni Arola, architecte et designer renommé, qui a transformé une ancienne usine en résidence et atelier de travail.

Le volume est divisé en deux grands espaces, séparés par un petit patio : d'un côté, son bureau et ceux de ses collaborateurs, de l'autre ses espaces de vie. Le projet d'Antoni Arola s'est attaché à conserver le maximum de flexibilité à l'implantation, qui peut évoluer en fonction des besoins ou des envies. Les deux volumes – habitation et travail – bénéficient d'un éclairage naturel important, grâce aux baies généreuses des façades et aux portes-fenêtres vitrées du patio.

Associant bois et métal, la structure d'origine a été conservée ; elle rappelle l'atmosphère laborieuse de l'usine d'origine.

Antoni Arola est sensible aux objets modelés par le temps et par l'usure ; à la recherche d'un idéal formel, il crée des sculptures très épurées et d'une infinie délicatesse.

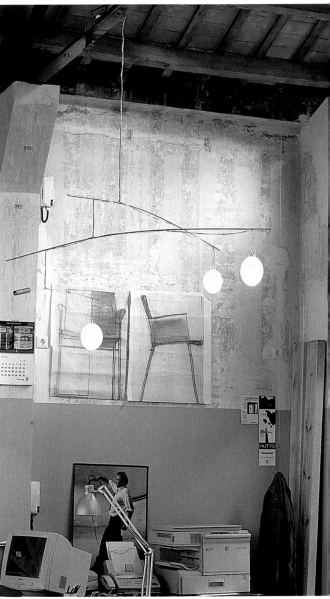

242 Les murs de l'espace de travail sont ponctués d'esquisses, de dessins, de maquettes et de prototypes.

Coupe longitudinale

243

Fernando Campana

# Loft Campana

| Situation |
| --- |
| São Paulo<br>BRÉSIL |

| Achèvement |
| --- |
| 1997 |

| Surface |
| --- |
| 230 m² |

| Photographe |
| --- |
| Andrés<br>Ortero |

Le projet de Fernando Campana associe bureau, galerie d'exposition et résidence dans une ancienne boutique datant des années 1940, située dans un quartier résidentiel au centre de São Paulo. À l'origine, le bâti de béton comportait deux entités, implantées aux deux extrémités de la parcelle et uniquement reliées par une salle de bain. Fernando Campana, architecte et designer de mobilier, a transformé l'étage du bâtiment sur rue en galerie d'exposition et en espace de vie. Le bâtiment en fond de parcelle abrite la cuisine et l'atelier du propriétaire.

La galerie d'exposition est éclairée par une monumentale baie vitrée, rythmée par le quadrillage de sa structure métallique, qui donne sur un élégant patio arboré. Le choix de finitions basiques a permis de préserver l'atmosphère particulière du lieu. Les murs ont été enduits et peints, les sols de béton ont été cirés et polis, et l'escalier est resté en l'état.

Initialement, l'architecte pensait seulement installer dans cette boutique une galerie d'exposition et un atelier pour réaliser ses prototypes. À la fin des travaux, il s'est rendu compte que les volumes, par la neutralité de leur affectation et leur flexibilité, offraient l'opportunité d'y implanter sa résidence.

247

Christophe Pillet

# Un loft parisien

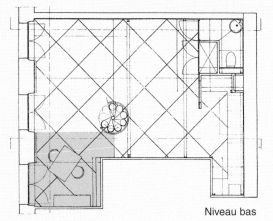

Niveau bas

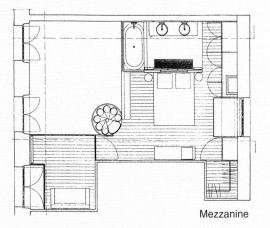

Mezzanine

**Situation**

Paris
FRANCE

**Achèvement**

1999

**Surface**

77 m²

**Photographe**

Jean-François
Jaussaud

De plus en plus, les designers travaillent simultanément pour différentes sociétés ; grâce aux moyens informatiques, leurs recherches peuvent s'effectuer en grande partie à domicile. C'est la solution adoptée par le propriétaire de cet appartement qui se déploie sur deux niveaux. Le séjour se partage entre l'étage et le niveau bas, qui abrite également la cuisine, la salle à manger, les toilettes et le bureau.

Pour agrandir visuellement un espace relativement restreint, l'architecte a évité tout cloisonnement superflu. Pour que la lumière naturelle pénètre sur toute la profondeur du volume, les cloisons séparant la salle de bain et la chambre, ainsi que la cuisine et la salle à manger, sont percées d'un oculus vitré. La transparence d'une partie du plancher de la mezzanine contribue à l'unité du lieu.

L'architecte Christophe Pillet a pris en compte la passion de son client pour les œuvres d'art et le mobilier de designers : son projet s'est attaché à dégager un espace fluide et neutre, où les éléments décoratifs ou fonctionnels jouent le rôle principal. Il en résulte un logement fonctionnel, flexible, distribué avec ingéniosité, qui permet de vivre et de travailler confortablement.

250

Dorotea Oliva

# Le loft d'une décoratrice

Habiter

Travailler

| Situation | |
| --- | --- |
| Buenos Aires ARGENTINE | |
| **Achèvement** | |
| 2000 | |
| **Surface** | |
| 80 m² | |
| **Photographe** | |
| Virginia del Guidice | |

Pour l'aménagement de sa résidence personnelle, Dorotea Oliva a privilégié les plans libres, aboli les frontières, pour créer une atmosphère intime, pure et apaisante. Les pleins et les vides sont parfaitement équilibrés et la lumière naturelle subtilement dosée pour composer un intérieur à la fois fonctionnel et esthétiquement très élaboré.

Le verre opaque des rangements et le traitement coloré du panneau de la tête de lit forment un arrière-plan empreint d'une grande douceur ; des étagères de verre multicolore diffractent les rayons du soleil qui pénètre amplement par les larges baies de la façade. Meubles contemporains et anciens dialoguent avec élégance. Un bureau autrichien du XVIIIᵉ siècle, une paire de chaises Louis XV et une chaise longue en cuir noir de Le Corbusier sont les pièces maîtresses de l'ameublement.

L'espace est divisé au moyen d'un module d'1,50 m de hauteur, évitant un cloisonnement massif et prégnant. Ce module a deux fonctions : côté chambre, il comporte des étagères d'aluminium, côté bureau, il intègre une bibliothèque et deux lampes articulées qui éclairent le plan de travail. Ce type de module double-face permet de matérialiser la frontière entre travail et détente, dans un espace restreint ou un vaste volume. La palette des couleurs choisies – blanc, turquoise et noir – baigne l'appartement dans une ambiance claire et sereine.

# Ateliers d'artistes

Dan Schimmel

# Un atelier de peintre

Habiter

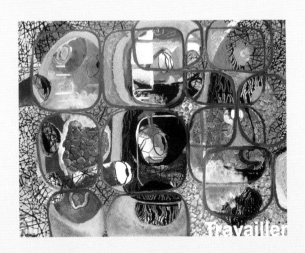

Travailler

**Situation**

Philadelphie,
Pennsylvanie,
ÉTATS-UNIS

**Achèvement**

2000

**Surface**

465 m²

**Photographe**

Catherine
Tighe

L'habitation et l'atelier de Dan Schimmel, artiste et directeur d'une galerie d'art à but non lucratif, se trouve dans un ancien quartier industriel de Philadelphie. Cette usine textile abrite maintenant un mélange très éclectique de styles et de pièces, selon la personnalité exubérante et les goûts personnels de son propriétaire. L'enveloppe de l'usine a été conservée en l'état pour y installer l'atelier du peintre, qui offre une surface et une luminosité exceptionnelles, ainsi que des vues splendides sur la ville.

L'atelier est séparé du logement par un mur de 2,40 m de hauteur ; le propriétaire a comblé l'intervalle restant entre le mur et le plafond par des châssis vitrés de récupération. Ces fenêtres isolent du bruit tout en laissant la lumière circuler.

L'ameublement s'est fait au fur et à mesure des envies et des découvertes. Plusieurs éléments de l'usine textile ont trouvé une seconde vie. Dans la chambre, un casier métallique sur roulettes a été divisé en neuf compartiments et reçoit dorénavant les vêtements ; une très grande table qui servait à découper les patrons de vêtements s'est transformée en bureau et en poste informatique ; dans la cuisine, une table de 3 m de long sert de comptoir. L'artiste a restauré et installé d'anciennes suspensions trouvées dans le sous-sol du bâtiment. Des panneaux de tissu vaporeux sont fixés sur des tuyaux de cuivre et se laissent nonchalamment emporter par le vent.

Abelow Connors Sherman Architects

# Loft Siegel-Swansea

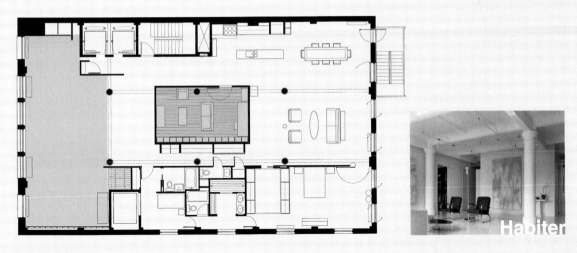

Travailler

Habiter

| Situation | |
| --- | --- |
| New York<br>ÉTATS-UNIS | |
| **Achèvement** | |
| 1997 | |
| **Surface** | |
| 200 m² | |
| **Photographe** | |
| Michael<br>Moran | |

L'écrivain Joel Siegel et son épouse, le peintre Ena Swansea, ont fait l'acquisition de ce loft pour y vivre et y travailler tous les deux. Ils souhaitaient concilier esthétique et fonctionnalité pour créer un intérieur flexible, agréable et propice au travail. Les caractéristiques du bâtiment, une usine datant du début du xxᵉ siècle, ont été respectées : les voûtes du plafond, les plâtres des murs et tous les détails de construction ont été conservés. Le choix des produits et des matériaux nécessaires à l'aménagement s'est porté sur des éléments identiques à l'existant, et les circuits de distribution (eau, électricité, climatisation) ont été laissés apparents. L'intervention a valorisé les particularités du bâtiment.

L'atelier, orienté au nord, permet à l'artiste de profiter des vues panoramiques offertes par les grandes fenêtres et bénéficie de la lumière abondante, constante et régulière nécessaire à son travail. Le bureau, isolé acoustiquement et visuellement du reste du loft, constitue le cœur de la maison ; c'est également la seule pièce qui conserve son parquet d'origine. Les pièces plus privatives – chambres, salles de bain et dressing – sont regroupées le long d'une cloison filante sur un côté de l'appartement.

264

266 | Le bureau se trouve au cœur du loft et offre un espace privilégié pour écrire, peindre ou se détendre.

267

Ann Marshall et Jean-Paul Russell

# Concentré de créativité

Habiter

Travailler

**Situation**

Bucks County,
Pennsylvanie,
ÉTATS-UNIS

**Achèvement**

2003

**Surface**

280 m²

**Photographe**

Catherine
Tighe

Cette ancienne école de campagne a été transformée par Ann Marshall et son mari Jean-Paul Russell, tous deux éditeurs de livres d'art. Jean-Paul Russell, également imprimeur d'exception, a travaillé notamment pour Andy Warhol dans les années 1980. Le penchant minimaliste du couple, contrebalancé par leur travail coloré et audacieux, a donné naissance à des espaces dynamiques et sereins.

L'atelier occupe une vaste pièce séparée des espaces de vie pour éviter d'y répandre des vapeurs, des odeurs ou de la peinture. D'innombrables boîtes, pots et bidons sont stockés sur des rayonnages ou sous les plans de travail ; soigneusement ordonnés, ils ne sont pas dissimulés à la vue, pour des raisons d'ordre pratique et esthétique. Ces alignements aux formes et aux couleurs disparates jouent un rôle prépondérant dans l'ambiance de la pièce, qui contraste avec les espaces de l'habitation, minimalistes et empreints de sérénité. Une importante hauteur sous plafond et une rangée de hautes fenêtres renforcent la sensation d'espace et permettent de travailler à la lumière du jour.

Les propriétaires travaillent fréquemment en collaboration avec des artistes, dont certaines œuvres sont exposées dans de nombreuses pièces de l'habitation. Leur présence ajoute des notes colorées et définit l'atmosphère de chaque pièce, transférant l'esprit créatif qui anime leur travail dans leur résidence.

270

272

Une importante hauteur sous plafond et une rangée de hautes fenêtres renforcent la sensation d'espace et permettent de travailler à la lumière du jour.

273

# Carlos Ferrater et Joan Guibernau
# **Maison Alonso Planas**

Rez-de-chaussée

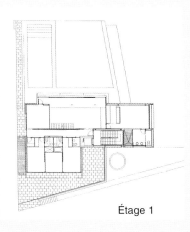

Étage 1

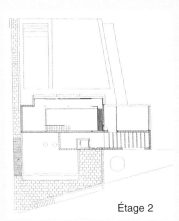

Étage 2

Travailler

Habiter

**Situation**

Esplugues
de Llobregat
ESPAGNE

**Achèvement**

1998

**Surface**

545 m²

**Photographe**

Eugeni
Pons

La maison Alonso Planas s'élève sur un terrain escarpé proche d'une crête montagneuse, offrant un point de vue exceptionnel et panoramique : Barcelone s'étend en contrebas, tandis qu'au sud-ouest, la rivière Llobregat circule dans la plaine qui rejoint l'horizon.

Le volume principal de la construction est situé en partie haute de la pente, de manière à surplomber entièrement la vallée. L'étroite et longue structure comporte trois niveaux. Le niveau bas permet d'accéder directement à la piscine, longée par une terrasse qui invite aux bains de soleil. Le niveau intermédiaire mène au jardin. Le dernier niveau accueille plusieurs terrasses, dissimulées par des murets pour plus d'intimité.

Le rez-de-chaussée, creusé dans la montagne, abrite l'entrée, le garage et des pièces de service. La volumétrie de la construction intègre des ateliers de peinture et de sculpture. La lumière s'engouffre par une baie filante qui s'insère entre la verticale des murs et l'horizontale du plafond. L'atelier est un plan libre, flexible, sans cloison. Une ambiance sereine baigne toute la maison : la somme de travail qui a donné naissance à ce projet peut passer inaperçue, tant le résultat est fluide et cohérent.

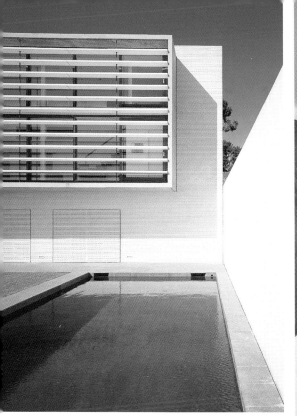

Luis Benedit

# Une maison-atelier

Habiter

Travailler

**Location**

Buenos Aires
ARGENTINE

**Achèvement**

1999

**Surface**

170 m²

**Photographe**

Virginia
del Guidice

Ce loft était à l'origine une boulangerie. Il appartient à Luis Benedit, artiste et architecte renommé qui a exposé au musée d'Art Moderne de New York et au musée d'Art Contemporain de Sydney. En faisant l'acquisition du lieu, il souhaitait y installer son habitation et son atelier.

L'utilisation de bois exotique en lames larges pour le parquet et en panneaux ponctuels sur les murs a permis d'adoucir l'austérité de la volumétrie et de créer une ambiance chaleureuse. Les appareils d'éclairage sont répartis sur une trame de chemins de câbles, utilisés dans l'industrie. L'atelier se déploie sur 40 m de long. La cuisine et le séjour sont implantés sur un plateau légèrement surélevé, ce qui les différencie de l'espace de travail. Dans des volumes étroits ou réduits, la création de niveaux permet de différencier visuellement les fonctions.

Quelques pièces de designers contemporains, comme la chaise de bureau et le sofa rouge, ancrent le loft dans le présent. Les prises de vue ont été réalisées au moment où l'artiste préparait une exposition rétrospective de son œuvre pour le musée national des Beaux-Arts de Buenos Aires : elles sont représentatives de la polyvalence et de l'atmosphère particulière de ce vaste loft, constamment en mouvement, et qui sait s'adapter au jour le jour au style de vie de l'artiste.

Dans des volumes étroits ou réduits, la création de niveaux permet de différencier visuellement les fonctions.

Antonio Zanuso

# Maison Muzi Falcone

Habiter

Travailler

| Situation | |
| --- | --- |
| Milan ITALIE | |
| **Achèvement** | |
| 1998 | |
| **Surface** | |
| 250 m² | |
| **Photographe** | |
| Henry Bourne/ Speranza | |

Située dans un quartier pittoresque de Milan, la maison de l'artiste Anna Muzi Falcone occupe le deuxième étage d'un bâtiment industriel du début du xxᵉ siècle. La forte amitié qui unit l'architecte en charge de la rénovation et sa jeune cliente est lisible en filigrane du projet.

Le loft est composé de deux volumes imbriqués en forme de L. L'entrée mène à une immense cuisine, aménagée dans l'esprit industriel du bâtiment d'origine, puis traverse un long couloir desservant le séjour et les ateliers ; à droite se trouvent deux chambres et la salle de bain. Les ateliers sont dépourvus de portes : la relation avec les autres pièces est amplifiée par l'unicité du sol de résine gris clair. L'importante hauteur sous plafond a permis de créer un plancher intermédiaire pour abriter les pièces les plus intimes. Ce niveau est accessible par deux escaliers, dont l'un démarre dans l'atelier et l'autre dans le couloir.

La conception du projet a pris en compte l'éventuelle interférence des fonctions : vivre, travailler et recevoir ; la neutralité de l'enveloppe permet d'attirer l'attention sur les peintures de l'artiste. La décoration a été conçue par la propriétaire des lieux. Elle a su ponctuer les éléments provenant d'échoppes d'antiquaires et de vide-greniers par des créations de designers en vogue.

Della Valle + Bernheimer Design, Inc.

# Art et technologie

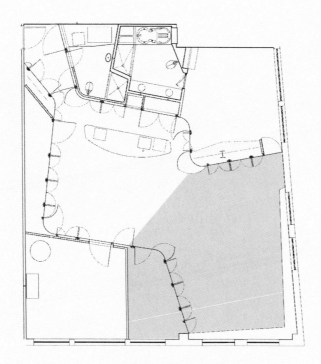

Habiter

Travailler

| Location | |
| --- | --- |
| Brooklyn, New York, ÉTATS-UNIS | |

| Achèvement | |
| --- | --- |
| 2000 | |

| Surface | |
| --- | --- |
| 232 m$^2$ | |

| Photographe | |
| --- | --- |
| Richard Barnes | |

Les technologies les plus innovantes ont été mises à contribution pour la création des cloisons curvilignes de ce loft new-yorkais, tracées en CAO et découpées au laser. Le projet a été conçu pour un couple d'artistes, elle peintre et céramiste, lui chercheur et informaticien. L'acier qui s'enroule comme un ruban, à la fois neutre par sa couleur et intense par sa texture, sert de toile de fond aux œuvres de l'artiste et évoque les recherches futuristes du maître de maison.

Les clients souhaitaient séparer le volume en trois espaces distinct : privé/domestique, public/travail et privé/travail. La zone la plus privée du loft est regroupée le long de la façade nord et abrite une chambre et des salles de bain. À l'opposé, le long de la façade sud, la zone de travail comporte un atelier de céramique et un espace de méditation. Le reste de l'appartement s'étend entre les deux murs sinueux et comprend un atelier de peintre et la cuisine. Ce vaste plan libre se transforme en galerie d'exposition plusieurs fois par an et accueille les vernissages.

L'acier des deux murs courbes a été découpé au laser. Ces panneautages métalliques comportent différentes perforations : certaines servent de poignée pour manœuvrer les modules, d'autres tiennent lieu de cimaise pour l'accrochage des tableaux. Le tracé des panneaux a été informatisé et programmé directement pour la machine de découpe laser, qui effectue alors un usinage extrêmement précis, en tous points semblable au tracé d'origine. Les panneaux peuvent pivoter sur leur axe de fixation, soit pour dissimuler des rangements, soit pour s'ouvrir et agrandir l'espace.

Kennedy & Violich Architecture

# Un loft dédié à la gravure

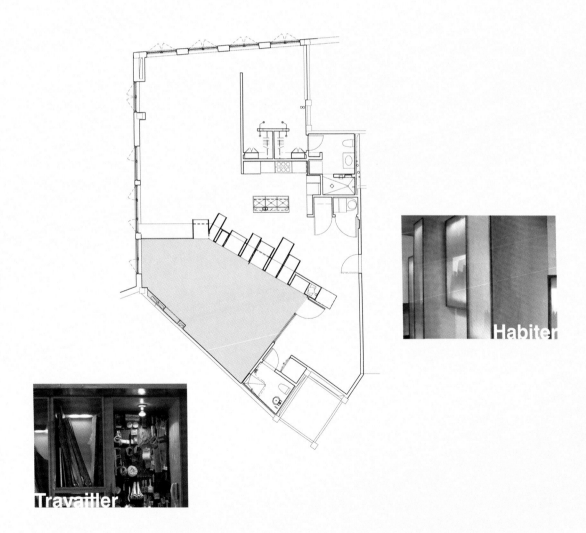

Habiter

Travailler

| Location | |
| --- | --- |
| Boston, Massachussetts ÉTATS-UNIS | |
| **Achèvement** | |
| 1999 | |
| **Surface** | |
| 195 m² | |
| **Photographe** | |
| Bruce T. Martin, K&V Architecture | |

Cet espace a été conçu pour une femme renommée pour la qualité exceptionnelle de ses travaux de gravure ; elle souhaitait que ce loft abrite à la fois son habitation et son activité professionnelle. Son travail nécessite beaucoup d'espace, d'un côté pour le rangement des fournitures et des œuvres terminées, et de l'autre pour les équipements incontournables tels que la presse et de grands plans de travail. Ces installations devaient coexister avec les fonctions habituelles d'un logement. À partir de ces contraintes, les architectes ont défini un programme isolant les fonctions devant être isolées et celles pouvant empiéter sur d'autres. Ce travail préliminaire s'est concrétisé par des éléments correspondant à la double fonction du lieu : vivre et travailler.

L'implantation comprend deux chambres et deux salles de bain, une cuisine, un séjour, et une zone de travail englobant l'atelier, un bureau, une bibliothèque et des espaces de rangement. Ces derniers ont été conçus en fonction des dimensions des écrans de gravure et des œuvres encadrées : la cloison qui sépare l'atelier du séjour est en réalité un conséquent volume de rangement, dont les modules ont été dessinés en fonction de ces exigences dimensionnelles. Côté séjour, chaque module se termine par un cadre de vitrage irisé aux tonalités mouvantes. L'ombre des cadres et des fournitures se devine à travers les vitrages et amplifie l'aspect sculptural de la cloison.

Le volume donnant accès à l'atelier sert aussi de chambre d'appoint ; la salle de bain attenante est également utilisée pour les travaux de gravure. L'atelier est équipé d'un système de filtration qui absorbe les particules de peinture en suspension dans l'air. Le nettoyage quotidien des outils d'encrage se fait avec des solvants naturels à base de citron, au lieu de produits chimiques corrosifs. Les dernières créations prennent place le long des appuis de fenêtre.

294

296

Entre l'atelier et le séjour, une cloison sculpturale sert de rangement pour les écrans de gravure et les œuvres encadrées.

# Shinichi Ogawa

# Maison Isobe

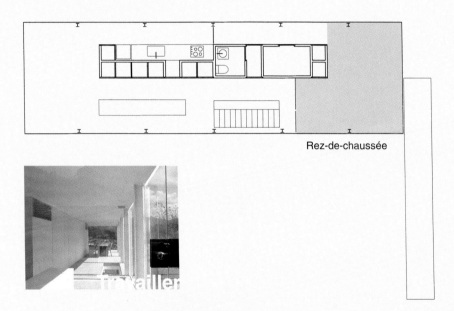

Rez-de-chaussée

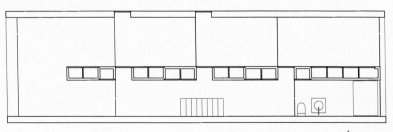

Étage

Habiter

| Situation | |
|---|---|
| Yamaguchi JAPON | |

| Achèvement | |
|---|---|
| 1996 | |

| Surface | |
|---|---|
| 167 m$^2$ | |

| Photographe | |
|---|---|
| Shinkenchiku-sha | |

La maison Isobe est située près d'une autoroute de la périphérie de Yamaguchi, blottie dans une vallée entourée de forêts. L'architecte s'est servi de la forte pente du terrain pour dessiner une maison sur deux niveaux ; une passerelle de béton donne accès au bâtiment directement par l'étage.

La construction est méthodiquement structurée par une succession de modules sur une trame de 2,40 m. Ceinturé de vitrage, le parallélépipède de 17 m par 5 m de l'étage abrite le séjour, la salle à manger, la cuisine et l'espace de travail. Depuis l'entrée, le regard embrasse la totalité de ces fonctions.

Les éléments de structure et les cloisonnements ont été peints en blanc, et le mobilier minimaliste conserve au volume toute sa flexibilité. Les œuvres d'art du propriétaire sont stratégiquement disposées dans la maison et dans le jardin, comme une galerie ouverte sur le paysage.

Malgré un parti pris constructif géométrique, la maison s'intègre parfaitement dans le site. Le cadre de verdure sert d'écrin à cette habitation délicate et élégante, aux lignes pures et dépouillées.

300

# Moneo Brock Studio

# Loft Davol

Habiter

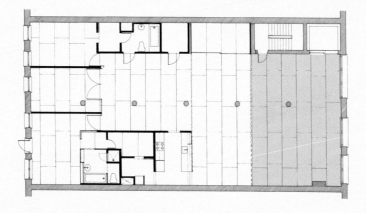

Travailler

| Situation |
| --- |
| New York<br>ÉTATS-UNIS |
| **Achèvement** |
| 1999 |
| **Surface** |
| 322 m² |
| **Photographe** |
| Michael<br>Moran |

Un volume vide, à la surface rectangulaire, a servi de point de départ au projet. Cet espace comportait toutes les caractéristiques d'un loft : une série de colonnes alignées dans l'axe du volume, des fenêtres immenses, et une hauteur sous plafond de plus de 3 m. La distribution du loft a relevé le défi de juxtaposer une zone d'habitation et une zone de travail, tout en faisant pénétrer la lumière naturelle jusqu'au centre du plateau.

Les propriétaires souhaitaient disposer chacun d'une chambre avec une salle de bain attenante, d'une cuisine, d'une pièce de rangement, et d'un vaste espace ouvert servant à la fois de séjour et de lieu de travail. Le projet a été conçu en tenant compte d'un budget restreint, en laissant la possibilité d'opter plus tard pour des finitions de meilleure qualité.

Des panneaux translucides et mobiles permettent de cloisonner ponctuellement le séjour. Le choix du produit a défini les bases du concept : il ne se contente pas d'être translucide, mais il colore les volumes en fonction de la luminosité. Ces panneaux glissent sur un système de rails conçus de manière à pouvoir changer de direction ou superposer plusieurs panneaux pour opacifier la séparation.

Les propriétaires ont eu leur rôle à jouer dans la réussite du projet : dès sa conception, ils ont encouragé la mise en œuvre de matériaux innovants. C'est leur enthousiasme qui est à l'origine de l'atmosphère particulière, calme et cristalline, de ce loft qui permet d'admirer en toute quiétude le coucher du soleil.

Des panneaux mobiles et translucides, coulissant sur des rails, remplacent les cloisons fixes traditionnelles. Les qualités du matériau translucide choisi pour ce panneautage ont servi de point de départ au projet.

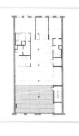

307

# Cabinets et services divers

# Smith-Miller & Hawkinson Architects

# Loft Greenberg

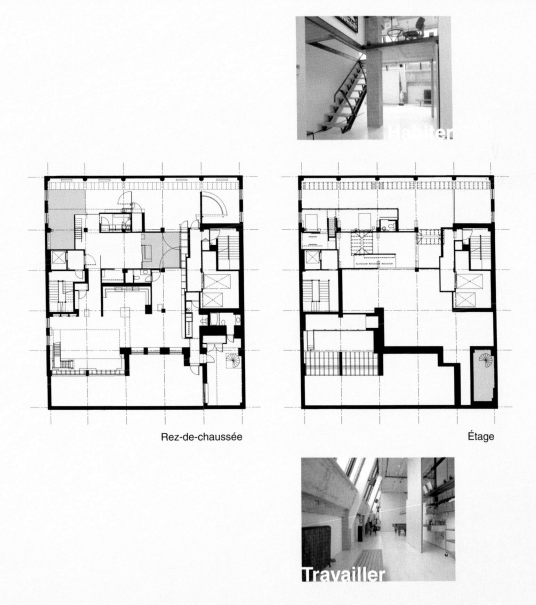

Rez-de-chaussée

Étage

**Situation**

New York
ÉTATS-UNIS

**Achèvement**

1997

**Surface**

558 m²

**Photographe**

Matteo
Piazza

L'équipe Smith-Miller & Hawkinson a été chargée de réaménager un loft pour abriter à la fois un logement et un espace d'exposition pour des œuvres d'art. Le client, collectionneur, souhaitait que ces deux fonctions coexistent sans frontière stricte : les architectes ont défini un programme interactif dans lequel la galerie d'art se confond avec les parties privatives.

Le projet se développe sur deux niveaux : en partie basse se trouvent la chambre des maîtres de maison, le séjour, une grande terrasse, la cuisine, une salle de bain, un atelier et une salle de projection ; à l'étage supérieur, deux mezzanines, une chambre pour les invités et un bureau. Le niveau haut n'existait pas à l'origine : les architectes ont tiré parti de la hauteur sous plafond pour créer un plancher de béton armé soutenu par une structure métallique peinte en noir et ceinturée de vitrage sécurit. Le béton a également été utilisé au niveau bas et reste visible sur une partie de la structure porteuse (poteaux et poutres), alors que les planchers sont habillés de bouleau et les cloisonnements doublés de plâtre blanc.

L'un des effets les plus marquants du projet est lié aux séparations qui apportent une sensation de légèreté et permettent de moduler les espaces, les rendant flexibles et facilitant leur interpénétration. Comme pour faire écho à la référence industrielle des menuiseries métalliques, le mobilier associe des pièces contemporaines à des sculptures des XVIIIᵉ et XIXᵉ siècles.

314

Les volumes sont associés ou séparés selon la position des panneaux coulissants ou pivotants.

315

# Herzog & Partner

# En pleine nature

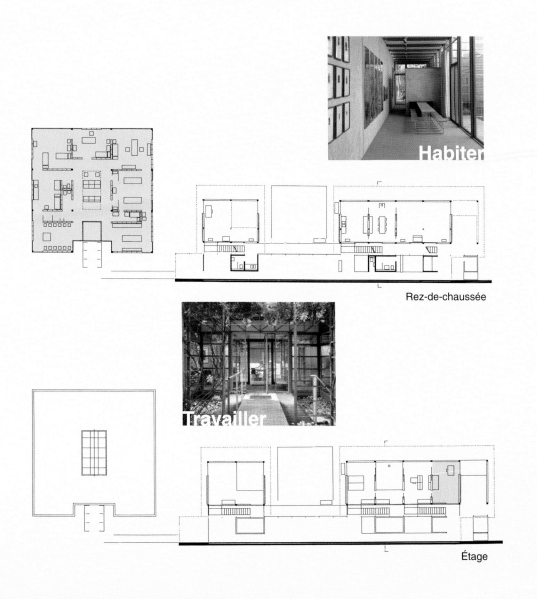

Habiter

Travailler

Rez-de-chaussée

Étage

| Situation |
|---|
| Paderborn ALLEMAGNE |

| Achèvement |
|---|
| 1998 |

| Surface |
|---|
| 225 m² |

| Photographe |
|---|
| Dieter Leistner/ ARTUR |

Cette construction, divisée en neuf modules de 25 m², abrite le cabinet d'un médecin. La salle d'attente est surmontée d'un puits de lumière qui éclaire également l'entrée et les circulations. Des panneaux ouvrants permettent de réguler la ventilation et de doser l'ensoleillement.

Grâce aux généreuses baies vitrées du bâtiment, le jardin paysager se laisse admirer de toutes parts. L'aménagement intérieur est rythmé par les verticales des poteaux métalliques, les horizontales des poutres de bois, et est accentué par le quadrillage du sol, qui intègre le système de chauffage.

L'agencement a été voulu comme une succession de pièces aux fonctions, aux matériaux et aux luminosités différentes. La façade est une longue barre horizontale de béton armé qui fait écran à la route située en surplomb. À l'intérieur, parallèlement au mur, un couloir permet de desservir les différentes pièces et sert également de galerie d'exposition. Durant les mois d'hiver, les baies vitrées du couloir sont fermées et l'espace se transforme en serre.

Ciel, jardin et maison se confondent grâce aux parois vitrées et au puits de lumière. Ce projet aux lignes nettes et franches tire sa richesse formelle des interpénétrations entre l'intérieur et l'extérieur.

William P. Bruder

# En remontant la rivière

Travailler

Habiter

Rez-de-chaussée

Étage

**Situation**

Jackson,
Wyoming
ÉTATS-UNIS

**Achèvement**

1997

**Surface**

268 m²

**Photographe**

Bill
Timermann

Ce projet, particulièrement complexe puisqu'il englobe une boutique, un musée, un entrepôt et des espaces d'habitation, a fait l'objet d'une minutieuse recherche dans sa programmation et son aménagement, car les propriétaires souhaitaient que les parties publiques et privées soient nettement dissociées.

L'entrepôt abrite des bateaux et des équipements spécifiques, tels que des combinaisons de plongée, des cordages et des outils, ainsi qu'un espace pour accueillir les clients. Un volume est dédié au musée, qui présente des informations sur la région, ses traditions et son folklore : plans, photos et documents sont accompagnés de bateaux et d'objets anciens. Le choix et l'implantation des appareils d'éclairage de la boutique et du musée théâtralisent l'ambiance.

Les zones plus privatives comportent plusieurs bureaux, un logement, incluant également un bureau ainsi qu'une bibliothèque, et des studios pour les guides et les chauffeurs de la société. En dépit de la disparité et de l'ampleur du projet, l'architecte a réussi à concevoir un bâtiment compact, construit tout en bois à partir d'un système constructif simple. Les planchers de l'étage sont suspendus depuis la charpente pour libérer le rez-de-chaussée de tout élément structurel vertical. Deux poutres de bois et d'acier supportent la façade vitrée. Les murs extérieurs et la toiture sont habillés d'acier Corten : la couche d'oxydation qui protège la surface forme une enveloppe fauve et rustique.

Le siège de la société Mad River Boat Trips évoque les ranchs traditionnels des environs. Il sert de point de repère aux visiteurs depuis l'autoroute proche. Le bâtiment, à la fois robuste et sophistiqué, reflète le caractère des amoureux de la nature et du Wyoming.

322

324

L'entrepôt abrite des bateaux et des équipements spécifiques, tels que des combinaisons de plongée, des cordages et des outils, ainsi qu'un espace pour servir les clients.

325

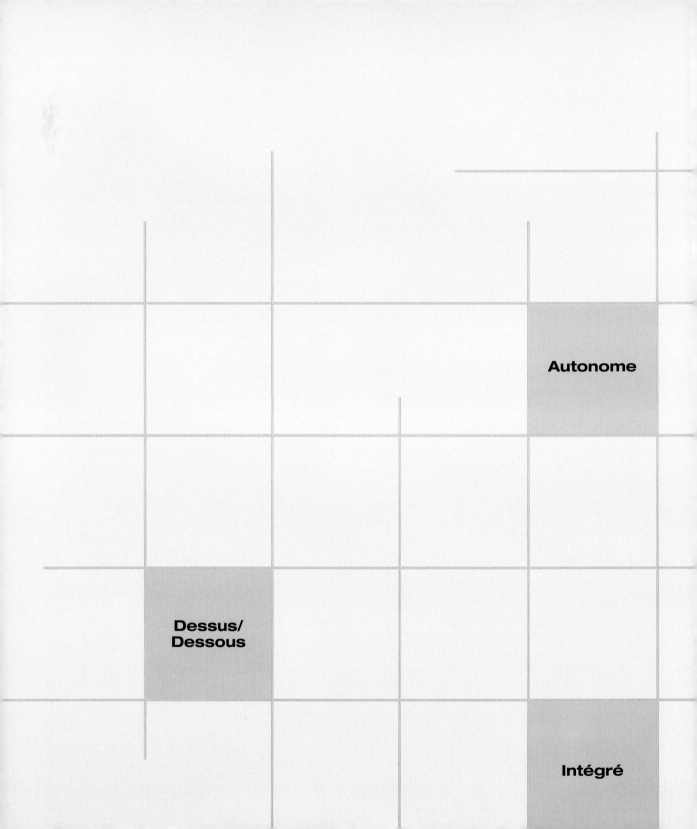

Autonome

Dessus/
Dessous

Intégré

# À proximité

## Mobilier

Ce chapitre fait le point sur des solutions intéressantes, sans référer à une activité professionnelle spécifique. Le plus souvent, dans un logement, ce sont les dimensions, la volumétrie et la situation qui déterminent les possibilités d'implantation et l'ambiance de la pièce. L'emplacement du bureau ou de l'atelier, dans une zone ou une autre de l'espace, conditionne la qualité du résultat ; ce positionnement a également une influence sur les autres fonctions du lieu. Il est indispensable d'envisager un volume dans sa totalité, d'en analyser les qualités et les défauts avant d'implanter un projet. Un espace de travail doit être calme, facilement accessible, confortable, fonctionnel et correctement éclairé. Ces critères doivent absolument être pris en considération.

Ce chapitre présente un vaste choix de bureaux, classés selon leur situation dans la maison : cela peut être contre un mur, intégré dans un meuble, derrière une cloison, dans une pièce spécifique ou faisant partie du séjour. Le dernier chapitre propose une sélection de meubles et d'accessoires de bureau fonctionnels. À l'exception des créations anonymes, le nom du designer de chaque accessoire et de chaque pièce de mobilier présentés est systématiquement mentionné.

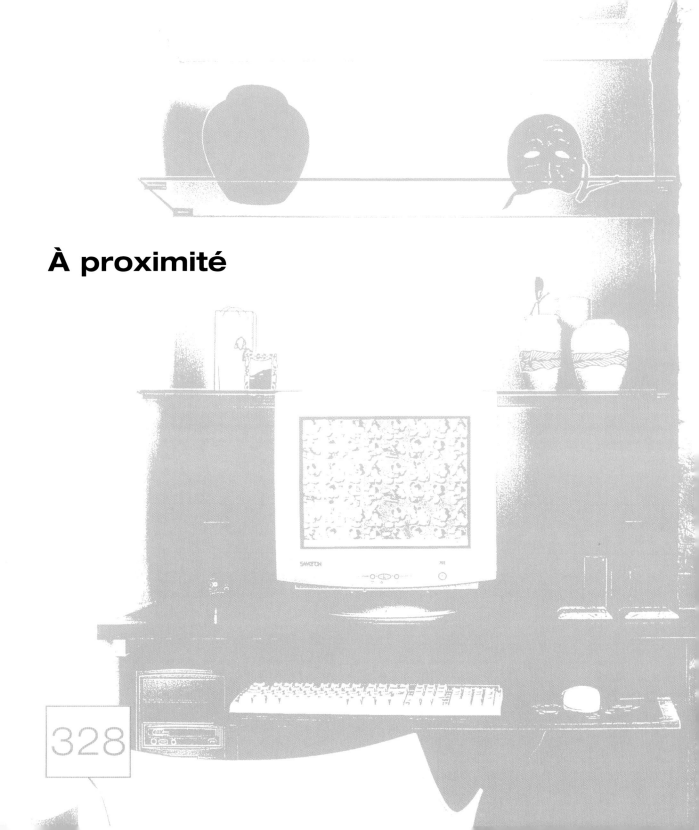

# À proximité

**1**

**1.** Photographe : Red Cover/Jake Fitzjones. **2.** Photographe : Red Cover/Brian Harrison.

331

**4**

3. Création personnelle de : Jo & Graham Atkins-Hughes. Photographe : Red Cover/Graham Atkins-Hughes.
4. Photographe : Red Cover/Douglas Gibb.

**5**

**6**

**5,6.** Photographe : Red Cover/Jon Bouchier. **7.** Architectes : Shindler & Howard. Photographe : Red Cover/Grey Crawford.

**8**

**8.** Photographe : Red Cover/Grey Crawford.  **9.** Architecte : Michaelis Boyd Associates. Photographe : Gunnar Knechtel.

10. Photographe : Red Cover/Ken Hayden. 11. Photographe : Red Cover/James Mitchell.

12

**12.** Architecte d'intérieur : John Minshaw. Photographe : Red Cover/Andreas von Einsiedel. **13.** Architecte : H. A. Hellermann. Photographe : Werner Huthmacher. **14.** Architecte : Barkow-Leibinger. Photographe : Werner Huthmacher.

**13**

**14**

**15.** Architecte : Vicente Wolf. Photographe : Vicente Wolf. **16.** Architecte d'intérieur : Nona Von Haeften. Photographe : Red Cover/Reto Guntli.

17

**17.** Création personnelle de : Walter Haas. Photographe : Red Cover/Reto Guntli. **18.** Architecte : McKay Lyons Architects. Photographe : Undine Pröhl. **19.** Architecte : Dry Design. Photographe : Undine Pröhl.

**18**

**19**

345

**20.** Architecte d'intérieur : Sir Hugh Casson. Photographe : Red Cover/Ken Hayden. **21.** Photographe : Red Cover/Graham Atkins-Hughes.

**22**

**23**

348

**22.** Photographe : Red Cover/Time Evan Cook. **23.** Photographe : Red Cover/Wayne Vincent. **24.** Photographe :
Red Cover/Wayne Vincent.

25

**25.** Architecte : Hartgelb Gruppe. Photographe : Hendrik Blaukat. **26.** Architecte d'intérieur : Mario Litchtig. Photographe : Red Cover/Winfried Heinze.

351

28

29

**27.** Architecte : AV62 Arquitectos. Photographe : Graphein/Susana Arechaga.  **28, 29.** Architecte : Anne Bugagnani et Diego Fortunato. Photographe : Eugeni Pons.

**30.** Architecte : Studio Azzuro. Photographe : Red Cover/Winfried Heinze. **31.** Architectes : Peter Wadley et Fleur Rossdale. Photographe : Red Cover/Winfried Heinze.

33

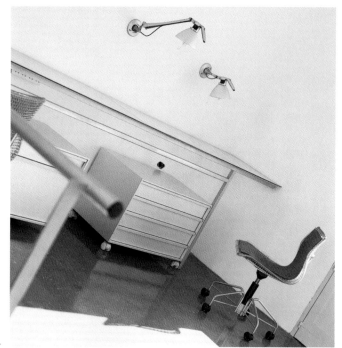

**34.**

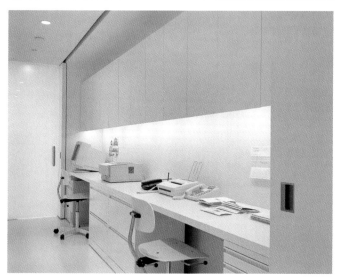

**35.**

**34.** Architecte : Guillaume Dreyfuss. Photographe : Kurt Arrigo. **35.** Architecte : Frank Lupo & Daniel Rowen. Photographe : Michael Moran. **36.** Photographe : Red Cover/Tim Evan Cook.

359

# Intégré

1

2

**3**

**1.** Architecte : Kar Hwa Ho. Photographe : Bjorg Photography.  **2.** Photographe : Red Cover/Tim Evan Cook.
**3.** Architecte : Deborah Berke. Photographe : Catherine Tighe.

**4**

**4.** Architecte : Ferhan Azman & Joyce Owens. Photographe : Red Cover/Graham Atkins-Hughes. **5.** Photographe : Red Cover/Galvin Guglielmo.

365

**7**

**8**

9

10

**11**

**12**

**9, 10.** Architectes: Lorcan O'Herlihy Architects. Photographe : Undine Pröhl. **11, 12.** Architectes : Hoyer & Schindele. Photographe : Concrete.

369

13

14

**15**

**16**

**13, 14.** Design : Residents. Photographe : Reto Guntli. **15, 16.** Architecte : Michael Mullin. Photographe : Roger Casas.

**17**

**17.** Architecte : Claesson Koivisto Rune. Photographe : Patrik Engquist. **18, 19.** Architecte : Callas-Shortridge Architectes. Photographe : Callas-Shortridge Architects.

18

19

373

**20**

**21**

**22**

**20, 21.** Architecte : Desai/Chia Architects. Photographe : Andrew Bordwin. **22.** Architecte : Jensen & Macy.
Photographe : Roger Casas.

**23**

**24**

**25**

**26**

**23.** Photographe : Red Cover/Jake Fitzjones. **24.** Architecte : A+D Architecture. Photographe : Roger Casas.
**25.** Architecte : Abcarius & Burns. Photographe : Ludger Paffrath. **26.** Architecte : Francesc Rifé. Photographe :
Eugeni Pons.

27

**27, 28.** Architecte : Aidlin Darling Design. Photographe : John Sutton (27), Cesar Rubio (28).
Une propriété de 32 hectares surplombe Mendocino Coast et comprend plusieurs constructions autonomes : la résidence principale, un garage et un atelier de gravure, composé d'une vaste pièce abritant la presse, une table à dessin et tout le matériel de travail, d'une salle de bain et d'une terrasse.

# Autonome

**1**

**1.** Photographe : Red Cover/Jake Fitzjones. **2, 3.** Architecte d'intérieur : Catherine Memmi. Photographe : Red Cover/ Ken Hayden.

2

3

383

4

5

**4.** Architecte : Gilles Bouchez. Photographe : Olivier Hallot.  **5.** Architecte : Claudi Nardi. Photographe : Davide Virdis.
**6.** Photographe : Red Cover/Grey Crawford.

7

**7.** Architecte : John Wright. Photographe : Red Cover/Ken Hayden. **8, 9.** Architecte : Ali Tayar. Photographe : John Hall.

8

9

10

11

**10, 11.** Architecte : Josep P. Kleihues. Photographe : Concrete. **12.** Architecte d'intérieur : Eric Gizard. Photographe : Red Cover/ Tim Evan Cook.

**13**

**13.** Architecte : Benson & Forsyth. Photographe : Red Cover/Nick Carter.  **14.** Designer : Emily Todhunter.
Photographe : Red Cover/Winfried Heinze.  **15.** Photographe : Red Cover/Tim Evan Cook.

14

15

17

18

**16, 17, 18.** Architecte : Aidlin Darling Design. Photographe : John Sutton. Le loft Beale Street est installé sur 232 m²
dans un ancien entrepôt. Le premier niveau abrite une salle de projection, une bibliothèque et un espace de travail :
le bureau, les étagères et le caisson de dossiers suspendus peuvent être dissimulés par des panneaux coulissants.
L'équipement informatique, comme la chaîne hi-fi, est intégré dans des rangements dessinés sur mesure.

19

**19.** Architecte : Aidlin Darling Design. Photographe : John Sutton.

Cette résidence californienne de 297 m² s'étend sur les deux niveaux d'une maison du bord de mer. Le maître de maison, graphiste, a installé son bureau à l'étage.

**20**

**21**

**20, 21.** Architecte : Aidlin Darling Design. Photographe : J.D. Peterson (20), John Sutton (21). La résidence Vineyard Estate Caretaker's (Californie) est une maison de 300 m², qui associe le verre et le bois. La salle à manger, utilisée principalement pour les petits déjeuners, sert également de bureau : la table d'acier dissimule les alimentations nécessaires au branchement du téléphone et du matériel informatique. L'imprimante et le fax sont intégrés en partie basse de la bibliothèque.

**22**

**23**

24

**22.** Architecte : Child Graddon Lewis. Photographe : Dennis Gilbert/VIEW. **23.** Architecte : Francesc Rifé.
Photographe : Eugeni Pons. Styliste : Sarah Martin Pearson. **24.** Photographe : Red Cover/Andrew Twort.

**25**

**25.** Architecte : Elisa Ovanesoff & Stephen Quinn. Photographe : Jordi Miralles. **26.** Architecte : Hartgelb Gruppe. Photographe : Hendrik Blaukat. **27.** Design : Resident. Photographe : E. Wentorfe.

26

27

Dessus/Dessous

400

**1**

**1.** Photographe : Red Cover/Ed Reeve. **2, 3.** Architecte : Stephen Chung. Photographe : Eric Roth Photography.

2

3

403

**4**

**5**

**4.** Architecte : Hoyer & Schindele. Photographe : Concrete.  **5.** Architecte : Orefelt Associates. Photographe : Alberto Ferrero.
**6.** Photographe : Red Cover/Ed Reeve.

405

**7**

**8**

**9**

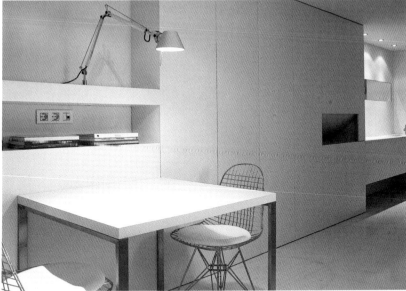

**10**

**7.** Architecte : Voon Wong. Photographe : Henry Wilson. **8.** Architecte : Kennedy Violich Architects. Photographe : Undine Pröhl. **9, 10.** Architecte : Francesc Rifé. Photographe : Eugeni Pons. Styliste : Sarah Martin Pearson.

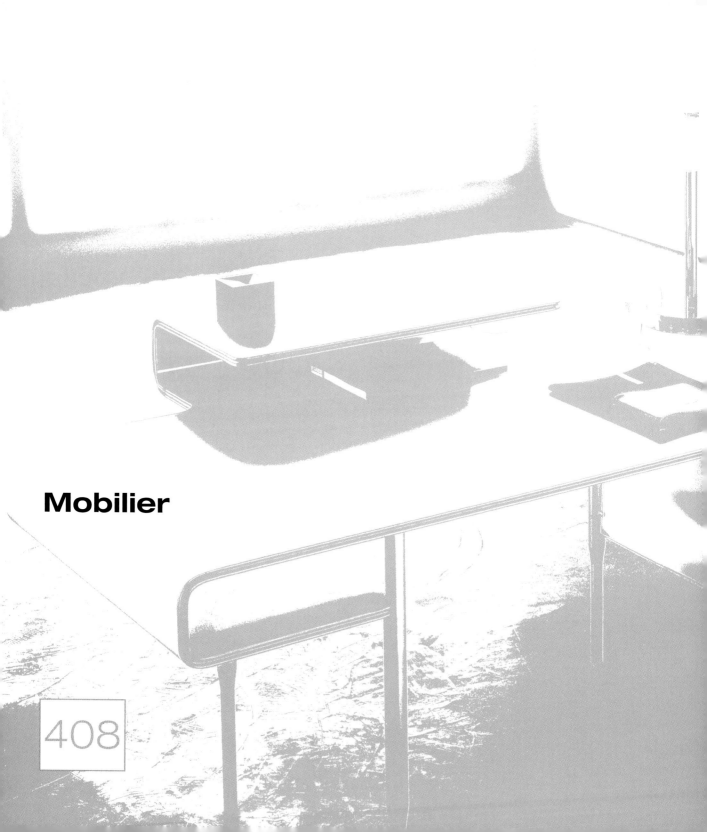

# Mobilier

**1**

**2**

**1.** Une table de mixage de DJ est intégrée dans cet élément de cuisine. Projet : Jensen & Macy. Photographe : Roger Casas.

**2.** Une étagère dessinée pour consulter ou présenter un livre. Projet : Desai/Chia. Photographe : Andrew Bordwin.

**3.** Tiroirs dessinés pour le rangement de dessins et de plans d'architecture. Projet : Carles Gelpi. Photographe : Eugeni Pons.

**4.** Bureau/table à dessin. Photographe : Jordi Sarra.

**3**

**4**

411

**5**

**5.** Petit bureau informatique de Nils Holger Moorman. Möbel Produktions. **6.** Bureau modulaire Artica de O.T.S. Sellex.

6

413

**7**

**8**

**9**

**10**

**7, 9, 10.** Design : Mónica Armani. **8.** Design : Ycami. **11.** Design : DO+CE.

416

**12.** Création : Ycami.